クラスづくりで大切にしたいこと

筑波大学附属小学校
盛山隆雄
seiyama takao

東洋館出版社

はじめに

先日、『あきらめない生きざま。』（KADOKAWA）という一冊の本が送られてきました。海のいきものたちの命についての本でした。素敵なイラストいっぱいの内容で、子どもから大人まで楽しく読める本だと思いました。

この本を送ってくれたのは、私が三十歳の頃に担任をしたかつての教え子で、あれから約二十年経って再会したのです。記憶をたどると、その子はまわりの友達と積極的に交わるほうではありませんでしたが、自分の世界をもつ賢い子どもでした。彼の名刺に書いてあったメールアドレスにお礼を書いたところ、次のような返信がありました。

おはようございます。◯◯です。昨日はご丁寧にメールをいただき誠にありがとうございました。著書を早速お読みくださり、お言葉をいただけたこと、大変嬉しゅうございます。

幼少期は文章を書くことがとても苦手だった自分が、今こうして定期的に本を書く機会をいただけるようになるなんて、我が事ながら信じられない状況です。小学校の頃、日々日記を書いて先生にコメントをいただいた、あの経験が今に活きているのかもしれませんね。

昔から流行りものに疎く、周囲に馴染む能力の低かった僕は、小学校の頃勝手に孤独を感じていました。そんな時に熱帯魚屋さん「パウパウアクアガーデン」で一緒に魚を選び、教室に水槽を置いてくださったこと。僕に役割を与えてくださったこと。盛山先生のお心への感謝の気持ちは今も鮮明に刻まれており、幼少期に感動したエピソードを人から問われた際にはいつもその話をしています。寒さが厳しくなってきたうえに、心配事が絶えない冬ではありますが、先生ご自身と児童の皆さんが健康で素敵な新年を迎えられることをお祈り申し上げます。またお目にかかれる日がきますように。

このメールを読んだとき、必死になって学級経営をしていた自分を思い出しました。

教室で熱帯魚を飼ったこと――。教師として何をすべきかでもがいていた時代、一人の子どもの「熱帯魚を飼いたい」という希望に応えた自分は、何を考えていたのでしょうか。おそらく後先考えず、思いだけをもって実行してみたのではないかと思います。その思いが、こうしてその子の人生に影響を与えていたことを知り感動しました。

私は現在、筑波大学附属小学校（以下、筑波小）で教員生活二十六年目を迎え、いち担任としていまも日々格闘しています。その経験から思うのは、教育の仕事の成果は、卒業後にあらわれるということです。教え子が卒業した後にどんな人生を歩むのか。卒業後も「先生、元気ですか！」と言って訪ねてくるような温かい関係が続く「いま」をつくることができるか。そこが教育の仕事、クラスづくりの大きな目標だと思います。

盛山　隆雄

目次

第2章 子どもが輝くための日々の実践……55

第5章 クラスがひとつになった取り組み …… 179

第 1 章

クラスづくりの土台となる考え

日々のクラスづくりは「終わりの日」の逆算から

日々のクラスづくりで大切なことは、指導の技術や方法論ももちろんあります。でも、私がいちばんにお伝えしたいのは、**どういう心構えで子どもたちと接するか**です。

私がいつも子どもたちと接するときにイメージしているのは、卒業した後のこと。いま私が相手にしているのは小学生という子どもです。しかし、卒業して八年も経てば成人になります。

そうなったときに、**一対一でお付き合いができるような、大人同士として向き合えるような教育をしたい**と思っています。そういう関係をつくるための「いま」の教育でなければいけないのです。

極端に言ってしまえば、「いま」は利害関係があるから、成績をつけるのが私だから、子どもたちとの関係が続いています。その意味で私は強い立場にいて、子どもたちは私を嫌だと思ってもどうすることもできません。そう簡単に学校や先生を変えることはできませんから。

しかし、卒業後にはその関係は解消されます。つまり、私と子どもたちとは、何の関係もなくなってしまうのです。そのときに、子どもたちはどう思うのか。

私は子どもたちが卒業をしても、彼らがまた学校に戻ってきたいと思ってもらえる関係でいたいと願っています。そのためには、子どもたちが戻ってきたくなるような「いま」をつくってあげなければいけません。「いま」、子どもたちをないがしろにしたり、心を傷つけたりしたら、きっと彼らは卒業後に戻ってきてはくれないでしょう。

そう考えると、「いま」の一瞬一瞬を大切にしなければならない、ということが明らかになってくるわけです。

重松清さんの短編に『にんじん』（『せんせい。』に収録）という作品があります。あらすじを少し紹介すると、先生が心の中で「にんじん」というあだなをつけた生徒がいました。

先生はその子のことが本当に嫌いで態度にも表れていました。三十人三十一脚の大会では、三十一人の中で唯一その子を外したりしました。そして新記録をつくるんですね。

あるとき、中学校の教師となったその子と先生が同窓会で会うのです。大人になったその子は言いました。「恨んでいませんよ」と。その一方で、我が子の写真を見せながら「もしも、息子の担任が先生みたいなことをやったら…僕は、絶対に許しません」と言うのです。また最後に「いい先生になります」とも言って去っていきました。読んでいて、とても怖いシーンだった記憶があります。

実際に重松さんとお話ししたことがありますが、そういったことはほぼ事実に基づいて書かれているのだそうです。

子どもたちを叱らなければいけないとき、あるいは疲れているときなどには、この話のことを思い出して気を引き締めています。

「いまを大事に、丁寧に接していかなければいけない」と。

先日、いまの学校に移ってからの卒業生たちが成人を迎えました。その子たちの集まりでようやく、自分がやってきた教育が試されている気がしました。子どもが卒業しても、先生のことをずっと尊敬して、好きで、付き合おうとしてくれる、そういう教育が本当の教育の在り方だと思っています。

そこまで先のことでなくても、たとえば文化祭に卒業生たちがやってくる、そのときに「先生、今日行くね」といった連絡がくる。そういうことがたくさんある先生になりたいと思います。

将来、対等な立場になっても付き合っていけるために、いま、どういうことができるか。子どもたちはいまは未熟ですが、いずれ大人になって対等に向き合うときがきます。いまできないことも、たとえ私が教えなくても、必ずできるようになります。

そういう長い目で見守る理解があれば、無理に教え込まなくてもいいんだ、詰め込まなくてもいいんだ、という心構えになります。**「叱る」「怒る」「どなる」などでキリキリする必要はない、**という考えに辿り着くのです。

私がクラスの担任を持ったときに考えるのは、その「終わり方」です。

必ず来る終業式や卒業式のことを考えて、そのために日々をどう過ごすか。

卒業式で、みんなが別れを惜しむような、そういう場をつくりたいと思うんですね。卒業式の光景が、いままで子どもたちとどのような付き合い方をしてきたか、どのような教育をしてきたかの集大成として象徴されてくる気がします。

そう思うと、毎日の授業や休み時間での接し方をどうするべきか、自然と考えるようになります。子どもたちのために頑張らなければ、充実した「最後の日」は迎えられません。

だから、疲れたときには、卒業式の一日のことを考えて自分を奮い立たせます。

「いま、ここで自分が頑張らなければ、あの感動的な一日はない」と。

そうやって最後の日を思い浮かべると、日々の仕事も必死になり、決して手を抜けなくなります。子どもを叱ったときも同じことを考えます。

「これで、この子と大人になっても向き合えるのか、卒業式でこの子は自分のところに来てくれるだろうか」

すると、自然に次の日の声のかけ方やフォローの仕方が変わってきます。常に理想の「終わりの日」や「卒業後の関係性」を思い、そこから逆算して、日々の接し方を考えていくことが大切だと思います。

こういうイメージが私の原動力になっています。

みんな
卒業おめでとう！

クラスの雰囲気は「明るく、朗らか」がいい

「雰囲気」というのは目に見えない、つかみどころのないものです。しかし、これもまたクラスをつくるときに大切なことのひとつです。

やっぱり「明るく、朗らか」なクラスがいいですよね。

私はいろいろな小学校に飛び込みで授業をすることがありますが、教室に入った瞬間にクラスの雰囲気というものを感じます。そっぽを向いていたり、おしゃべりをしていたりするクラスと、目を輝かせてこちらを見てくるクラス。

おしゃべりしている内容からみても、トゲトゲしい言葉が飛び交っているクラスと、私に対して歓迎する言葉や興味関心を持って質問を投げかけてくるクラスがあります。

静かなクラスでも、相手の表情をよく見て、やるときはやるというクラスもあります。落ち着いていて、目がキラキラしているようなクラスです。これは相当よいクラス。こういうクラスは面白い授業を行えば、さらに活発になっていきます。

一方、静かだけれど、いざ授業を始めてみると集中できなくて、目を合わせてくれないクラスもあります。これは先生の管理過多のせいで、大人を信頼していないのかもしれません。

直接的に「ああしろ、こうしろ」という教育も確かにあります。しかし、子どもたちを育てていくときには**「安心してここで過ごせる」「自分のことを受け入れてくれる」という雰囲気**が担う役割はとても大きいのです。

この「雰囲気」をつくるのは、実は簡単です。

子どもたちが自然体で過ごしていれば、クラスの雰囲気は必ず明るく、朗らかになります。子どもは冗談を言ったり、ふざけたりすることが好きなのですから。

しかし、そこに大人の思惑が入ってきた途端、明るさが失われていきます。「授業中だから静かにしなさい」とか「姿勢を正しく、手はピシッと挙げなさい」とか……。大人にも事情はあるのでしょうが、こういう注意を受け続けると、子どもらしさが失われ、張りつめた空気になっていきます。

もちろん放任していればよいということではありません。おふざけが過ぎればいじめにもつながるので、そこは教師が気をつけます。

自然というのは美しいものですが、そこには恐ろしい動物や、毒をもつ植物も潜んでいます。自然のままにしていれば明るくはなりますが、その半面、自然淘汰のようなことが起こるので、そのときは大人が手を差し伸べてあげる必要があるのです。

だから、社会性など、人として生きるときに必要なことは教える、この柔軟さが大切です。ほったらかしもだめ、手を加えすぎてもだめ。**必要なときに手を差し伸べ、そうでないときには手を引くバランス感覚が必要**です。

自然を基本にして明るく、そこに大人との信頼感が加わると、しっとりと落ち着きもあり、活発なクラスになります。

そして、これは学ぶ力にもつながっていると思います。データをとったわけではありませんが、経験上**「いい雰囲気」のクラスは学ぶ力が高い、**ぎすぎすしたクラスは学ぶ力が低くなる気がします。

将来のことから逆算して、いまの教育を考えるときには、常に自分のクラスが「いい雰囲気」になっているかどうかに気を配ります。

そうすれば、大変なときや辛いときでも、いまを怠けないように自分を戒め、励ますことができるのではないでしょうか。

少し広めの「枠」をイメージする

クラスの雰囲気は担任によって変わります。

私が意識しているのは、「子どもたちが安心していられるクラス」です。安心感、ファミリーのような雰囲気を持ちたいと思っています。

だから、私の規範は子どもにとってゆるめだと思います。自由の幅が少し広いというか。**広い「枠」をイメージして、その中では自由にできるけれども、そこからはみ出したときには注意します。**

この「枠」が狭い教師もいます。規範が多く強ければ、学級はかっこよく、ひき締まって見えるのですが、子どもたちの自由度は少ないので、学校に来たいという気持ちがそれほど高くないように思います。

合宿に行っても、子どもたちが一番好きなのは自由時間。先生の見ていないところで、自由にのびのびと活動することが好きです。家や塾で縛られることも多いですから、そこから外れることは嬉しいのです。

なんとなく自由にやっているのだけれど、そこで調和がとれている。どこかしら温かい雰囲気。自分の素を出せる空間。そういうものを目指しています。

もちろん、これにはリスクもあって、言葉遣いが荒くなったり、自分勝手な態度が現れたり、他の先生に対して失礼な態度をとったりすることがあります。その場合には「枠」をぎゅっと狭める場合もあります。

だからときどき、なぜこういうふうに自由にさせているかということ、決してすべてが許されているわけではなく、自分たちの判断でやってほしいからだよ、ということをきちんと伝えます。

研究授業のときは、とても活発なクラスに見えると思います。

自由度が高くて、みんなのびのびと発言している。だけど、見られていることがわかっているから、そういうときは枠からはみ出ることはない。するとちょうどいい、活発なク

ラスに見えるのです（笑）

最初から締め付けすぎると、子どもたち本来のよさが失われて、規範ばかり意識するようになってしまいます。そういうクラスの子どもたちは、あまり学校を好きになってくれないのではないでしょうか。

たとえば遠足であれば、行動範囲を狭くして、たえず人数確認をして、楽しむことは後回しになってしまっているケースがあります。

それもわかりますが、私からするともったいないなと思うのです。

のびのび過ごさせるという方針もあって、私のクラスでは形式的な作法についてはあまりとやかく言いません。ただ、**挨拶をする・お礼を言うという気持ちは大事にしています。**

つながりや感謝ということはかなり細かく言います。

イベントの後にはお礼の手紙を書いたり、お礼の言葉を述べたりすることを大切にします。子どもたちの方から、自然とそういう言葉が出てくればベストですね。

そのためには、日頃から誕生日会などで友達からお祝いをされるような経験をたくさんさせてあげるとよいです。

すると、子どもの方から感謝を伝えようという動きが出てきます。**普段自分たちが嬉しいメッセージを受けとることで、それがすばらしいことだとわかっているから真似するわ**けです。

自分が祝ってもらう経験がなければ、子どもからその発想は生まれません。

規範が少ないと言っても、「おはよう」という挨拶だけは必ずするように子どもたちに言っています。

教室に入った瞬間「おはよう！」と子どもたちが言ってきます。私は必ず子どもたちが来る前に教室に行き、「おはよう！」と返すようにしています。

ほとんどの子は挨拶を返してくれますが、たまに返してくれない子もいます。そんなときは、注意します。

「おはよう」とか「ありがとう」という挨拶やお礼。形式はあまり重んじないとはいえ、これだけは人間としての基本ですので徹底させます。

ほかには、給食のときに私語をしてはいけない、という学校もありますね。私のクラスではそこまではしていません。「叫ぶ」「立ち歩く」という衛生的にもマナーとしても逸脱した行為は注意しますが、基本的に給食の時間は自由にしゃべってよいことにしています（現在のコロナ禍の学校生活のルールは別です）。

話すことそのものは禁止しませんが、遊びやおふざけにならないように気をつけています。というのも、塾で遅くなって家ではいつも一人で食べている子もいます。

家族団欒の場が少なくなってきているので、それを補うためにも給食は楽しく、という意味合いもあるのです。

子どもたちは自由に楽しそうに食べていますね。

これも「のびのびと過ごさせる」方針のひとつです。

いい雰囲気をつくるために、言葉を大切にする

四、五月の年度当初、私は言葉について子どもたちと話し合います。言葉使いが最初からいいクラスであれば言うことはないのですが、必ずしもそうではありません。

どんなクラスを受け持っても、最初はひどい言葉が聞こえてくることがあります。たとえば「きもい」「うざい」「は？」といった言葉が、ちょっとしたときに聞こえてきます。最悪の場合、「死ね」などと聞こえてくることもあります。

中学年以上を受け持ったときには「いままでにこういう言葉を使って人を傷つけたことがある人？」「こんな言葉を言われて傷ついたことがある人？」と尋ねて挙手させるとこ

ろからスタートします。

四年生くらいであれば、ほぼ全員が「傷つけられた経験がある」と手を挙げるでしょう。そのとき私は、具体的にそれがどんな言葉だったかを聞きます。そして、模造紙に大きなハートマークを書いて内側に「素敵な言葉」、その外側に「ひどい言葉」を書かせます。または、「ひどい言葉」を短冊に書いて黒板に並べたりします。

パターンはいろいろありますが、そうすることで、子どもたちから挙がってきた「ひどい言葉」が目に見えて並びます。

言葉を可視化させた後、私は**「ひどい言葉」はクラスで仲間をつくっていくうえで障害になるから言わないように心がけたい**、ということを説明します。短冊に書いた場合であれば、それぞれが書いた物を回収し、半分に折って封筒に入れ「封印」と書いて教室隅の上の見えるところに置きます。子どもがひどい言葉を言わないためのおまじないです。

このような授業を一回やると、**次の日から子どもたちの意識が変わります**。ただ、半年くらいすると忘れてくるので、同じような授業をもう一度やることもあるのですが。

高学年であれば、言葉を使っているうちに、それが現実になってしまうといった「言霊」

のような話までします。

私のいま受けもつクラスでも、もちろんこういう授業をしました。しかし、先日の遠足のとき、注意深く子どもたちの言葉使いを聞いていると、冗談半分でもいろいろと「ひどい言葉」が出てきていました。授業から一年以上経っているので、少しずつ意識が薄まっているのかもしれません。

授業の効果が薄れてきたら、改めて丁寧に話してあげる必要があります。今回も再度説明をしてあげると、子どもたちには深く響いたようで、そこからまたガラッと変わりました。

言葉が変われば、行いも変わります。

「植物は日光を浴びて育ち、子どもは言葉を浴びて育つ」という言葉があります。私もその通りだと思っているので、講演などではよく引用しますし、自分の中でスローガンとしてたえずかかげています。

学校では、子ども同士がお互いに言葉を浴びて育ちます。つまり、言葉の使い方で、クラスの雰囲気や思考、見方が変わってくるのです。

「きもい」という言葉を使う子がいます。私がちょっと誰かの肩をたたくと、それを見て

うざい
死ぬ
きもい

いる子が「きもい」と反応する。そういう子どもは、どんな場面に遭遇しても同様に「きもい」と発言してしまいます。

語彙がないんですね。何かを見て、ちょっとした心の揺らぎがあったときに、それを表す言葉が「きもい」しかないのです。これでは寂しい。

そういう子どもには「きもい」という言葉を使わないで気持ちを表してみようか、と促します。その上で子どもたちの語彙を増やすために、「きもい」という言葉を封印するのです。こうして、正しい言葉、豊かな感情の表現を引き出し伸ばすようにします。

クラスの雰囲気は、言葉からつくることができるのではないでしょうか。

母性原理と父性原理の両方で接する

子どもに対する接し方には、「母性原理」と「父性原理」の二種類があります。

母性原理とは、受容的な態度と共感的理解に基づくものです。具体的には、子どもたちが何か言ったり行動したりしたときに、それを無条件に温かく受け入れて接する態度です。

一方、父性原理は、子どもたちに「これができていないぞ」「こうあるべきだ！」といった課題を示す態度。提示された課題に向かって、叱咤激励し、自立を促す働きのことです。

教師としては、この二つの原理をどちらも持ち合わせていなければいけないと思います。教師は、お母さん役とお父さん役の両方を演じなければいけないのです。

もう少し言うと、私はこの二つを順序立てて使っています。

最初に必要なのは、母性原理。**まずは、子どもたちを温かく受け入れてあげて、お互いに信頼関係をつくります。そうでなければ、父性原理を働かせることは許されない**と思っています。

子どもたちの言うことを受け入れてはじめて「もうちょっとこうしようよ、ちゃんとしようよ」と言うことができる。すると、子どもたちも教師の言うことを受け入れて、聞く耳を持ってくれるんですね。これは子どもと接するときの基本的な態度だと、経験からも強く感じています。

この順序を逆にしてしまった先生や、父性原理ばかりが強い先生からは、子どもたちが離れていってしまいます。もしくは、表面上は大人しく言うことを聞いていても、陰で悪口を言うようになります。

私も、運動会のときなどに厳しい態度で指導するときがあります。しかし、そのために普段から子どもたちときちんと接して、信頼関係をつくっておくようにしています。でないと、せっかくの父性原理も効果的に働かなくなってしまうのです。

まずは母性原理

そして父性原理

愛情を持って接する先生は、必ず子どもたちに好かれる

子どもたちに「好きな先生ってどんな先生？」と聞くと、たいていの子どもは「優しい先生」と答えます。

ただし、これは一面的な見方であって、必ずしも優しい先生がすべての子どもたちから好かれるわけではありません。

二十歳になった子どもたちとお酒を飲みながら話すと、「あの先生は厳しかったけど、いい先生だったなあ」なんて語るんですね。決して「優しい先生」だけが好きなわけではありません。厳しい、叱る先生。優しい、受け入れてくれる先生。両方とも好きなことがあるのです。

一見、矛盾しているようですが、この背景には、**その先生がどれだけ愛情を持って接してくれているかどうか**という真理があります。

厳しい先生も、愛情を持って厳しくしている人であれば、必ずその後の経過をじっと見ています。そして「よくできるようになったな」「お前も変わったな」と認めてあげる言葉が出てきます。叱っておしまい、というわけではないんですね。

感情のままに叱る先生と、どうにかしてこの子を伸ばしてあげたいと思って、思いを持って注意している先生とで、受けとった子どもの変化には絶対に差が出てくる。

その差が愛情です。

愛情さえあれば、叱る先生でも、優しい先生でも、子どもたちに好かれます。逆に愛情がなければ、表面的には優しい先生であっても、子どもたちから好かれることはありません。

これも大事な原理原則のひとつです。

こういった教育哲学が土台にないと、方法論だけを持っていても、若い先生はうまく使いこなせないかもしれません。

ひいきをしない、でも一律にもしない

子どもが好きな先生を語るときに **「ひいきをしない」「どの子にも分け隔てなく接する」** という観点もよく登場します。

逆に言うと「あの子だけは特別だ」というのは、子どもたちは敏感に気付くし、嫌いな先生の理由として挙げてくることも多い。子どもたちに公平に接するということは、とても大切な教育者としての態度です。

でもそれだけでは足りなくて、**子どもたちの凸凹に教師側が合わせてあげないといけません**。だって、そうでしょう。子どもたちが三十人もいれば、運動だって学力だって、それぞれ差があります。あって当然です。それを学校や学級のルールで、バサッと一律に区切るわけにはいきません。いくら公平が大事だと言っても、なんでも同じにはできない。

子どもたちのその凸凹に合わせて線を引いてあげることが必要です。

ただ、そのときの対応には難しいものがあります。というのも、誤解を生みやすいからです。

みんなが一律のルールを守っているときに、どうしてもそれに対応できない子どもがいる。その姿に合わせて線を引くと、「○○ちゃんだけずるいよ」といった声が出やすいのです。これはひいきと捉えられかねません。

たとえば、私のクラスでは、帰りの会までに体操服から制服に着替えておかなければいけないというルールがあります。しかし、制服に着替えるのがどうしても遅い子どもがいます。

これは全員との約束ですから、着替えるのが遅い子にはみんなの前で注意をしなければいけません。私がしなくても、他の子どもたちが注意をします。でもその子は、教室移動や着替えなど、全体の行動にどうしても遅れてしまう……。

そこで私は、その子と一対一で対話をします。「どうしても帰りの会までに着替えるのは難しい、じゃあ、帰りの会が始まって何分後までにできる？」というように、二人の間で目標をつくるのです。

みんなのルールに合わせると、常にその子を叱っていなければいけない。それを回避するために、私との関係で独自のルールをつくったわけです。

私との対話でその子は「三分後」と答えたので、それを目標として設定。するとその後は、たとえ帰りの会までに間に合わなくても、私には目を輝かせて「三分以内でできたよ！」と報告してくれるようになりました。

つまり、**個性に合わせて課題をつくる**、ということです。

ときには、「この子はこういうことが苦手だから」という言葉で全体に説明します。しかし、「ルールなんだからダメだよ」と反論する子どももいるでしょう。そのときは、私が言葉を尽くすしかありません。「もちろんそうなんだけど、苦手だから少し大目に見てくれないか」と。

ちなみに、その子の着替え目標は現在、三分から二分まで縮んでいます。次第に他の子どもたちも認めているのか、「あと一分！」とかエールを送ってくれるようになりました。最終的な目標は三、二、一と縮めていって、他の子たちと同じにすること。そのために彼は、自分で課題を設定して頑張って取り組んでいます。

あと一分！
がんばれ！

子どものために動く

不登校の子どもを受け持ったときに、その子の家へ毎日通って勉強を見てあげていた先生がいました。

その子は結局中学でも通えなかったのですが、仕事に就いたときに報告に来てくれたそうです。そしていまでも、同窓会や誕生会のようなイベントに毎回顔を出してくれる。きっとその子は、一生そのときの恩を忘れないのではないでしょうか。

こういう**ハートが、教師としての資質・能力としていちばん大事**だと思います。

私が、子どもが卒業してからも人と人としての付き合いがしたい、と思っているのも根底に同じ気持ちがあります。

教師に向いている人というのは、そういう**愛情の深さがあって、相手の気持ちがわかり、困っていればなんとかしてやりたいと思える人**です。

人のために行動してやろうという人です。

愛情を持っていないわけではないのでしょうが、それが相手に伝わらなくてなかなかうまくいかない先生もいます。

臆病で、相手の懐に飛び込めない人は苦戦します。飛び込むということにはリスクがつきまといます。そこで処理をしきれる自信がないと、臆病になってしまうんですね。子どもに対して、少し距離を置いてしまうような……。

また、**自信と合わせて必要なのは謝る気持ち、自分の弱さをさらけ出す気持ち**です。

保護者に対してもですが、子どもに対して謝れるかどうか。

子どもたちに対してどこか権威めいたものを抱いている先生は、なかなか素直に謝れません。「先生、これができないんだ。どうしたらいい？」とか「先生が悪かったね。ごめんね」といった素直な言葉が出て来ないのです。

謝ることができないと、逆に叱ることもできません。

多少トラブルがあったり、怒ったりしても、自分をさらけ出す先生の方が、後々子どももからの信頼感を得ることが多いように思います。

トラブルを解決するのは大変ですが、それを**越えた先に教育があります。**もちろん力量が問われるので、なるべく安全に過ごしたいと思う先生も多いでしょう。しかし、そうして安全策ばかりとっていると、自分から動けなくなってしまいます。

いまの教育現場には、自分から動ける人間、経験のみに頼ることなく、日々学習できる人間、すぐに対応できる人間が必要なのかもしれません。

私自身も、最初からなんでも対応できたわけではありません。いろいろな先輩のやり方を見よう見まねでやってみて、自分でその感動を体験して、それがよい形で歯車として噛み合い、機能するようになってきたのです。

いまは慣れすぎず、マンネリ化しないように、常に新しいことを取り入れるようにしています。どきどきわくわくできるような、緊張感のある場を常に持っていた方がよいですね。

どれくらい真剣に人の話を聞いて、受け入れられるかということも、教師に必要な資質・能力かもしれません。

ごめん！
先生が悪かった！

「先生は自分のことをよく思っている」と全員が感じるように接する

特定の子どもを先生のお気に入りだなと思わせることは、子どもの前でも、保護者の前でもしません。

たとえば、学級通信で個人名を出して褒めることは絶対にしません。名前が出た子が先生のお気に入りだと思われてしまう可能性があるので、褒めるのであれば、学級全体を褒めます。

すべての子どもたちに「先生は自分のことをよく思ってくれている」と感じさせる、そのような接し方をしなければいけないのです。

とくに落ち込んでいる子、叱られた子どもたちへの対応は重要です。

落ち込んでいる子を持ち上げてあげれば、先生は自分のことを気に入ってくれていると思うでしょう。落ち込んでいる子や距離感の遠い子にはこちらから近づかなければいけませんので、そのバランス感覚が必要です。

教師も人間ですから、相性があまりよくないなと思う子どももいるかもしれません。でも、その子にどれだけ愛情を持って接することができるか、そこが勝負です。

そう思うと、うかつに傷つけるような言葉は言えません。子どもたちへの対応の背後には、すべてこの思いがあります。

クラスができた当初、子どもの雰囲気がわからないうちは、とくに自分から動きます。自分からそれぞれの子に一歩でも、二歩でも近づこうと思って行動します。日記の返事も先に仕分けて、近づきたいと思った子にはとくに熱いメッセージを書きます。ちょっとだけ差をつけるというか。

そして次の段階では、別のグループに情熱を注ぐとか、それを順番に繰り返して、全体を把握していきます。関係性に手応えを感じるようになるまで、だいたい半年くらいはこれを続けます。

クラスが馴染んでくれれば、子どもの方から近づいてきてくれるので、その話を聞いてあげて精一杯対応します。

意思表示が弱い子、私のところに自分から来ない子に対しては、こちらから聞きにいきます。私との接地面積が少ない子、接触時間が少ない子には、自分からフレンドリーに接していくべきです。

マラソンの先頭集団があったとして、そこから第二集団があまりに離れないよう、フォローしてあげるような感覚です。

先生との距離感に差ができると、学ぶ力にも差が生まれる気がします。

子どもが「自分を見てくれているんだな」と感じてくれるよう気配りをすれば、目に見える形で効果が現れてきます。

公立、私立を問わず、きちんと気配りをすればそれほど格差が広がることはありません。実際に効果を出している先生をたくさん知っています。

信頼関係のバロメーターのひとつは「クラスの子に対して本気で叱ることができるか」です。

信頼関係ができていないと、本気で叱ることができません。叱ったとしても絶対に離れないという確信がないと、心から叱ることはできませんから。これができるようになれば、本物の学級です。

もちろん叱る場合というのは、約束を破ったり、危ないことをしていたり、よほどのときに限られます。

子どもによって個人差はありますが、クラス全体の雰囲気が固まる半年くらいまでは、とくに根気強く子どもたちに向き合ってあげたいですね。

反省し、修正できる教師に

教師の仕事は毎日修正の繰り返しです。なんでも見通して、事前に伝えておければよいのですが、トラブルが起きてから、その場で対応しなければいけないこともやはりあります。

ミスは日々あります。それは仕方ない。ただ、ミスがあったら、**自分でそれを修正して、子どもに謝らなければいけません**。自分で改善策をつくらなければいけないのです。

出張で私が不在にする日がありました。その日は、以前に教育実習で来ていた先生が、一日だけの研修でもう一度来る日でした。あらかじめいないことがわかっていた私は、黒板にその日の計画を書いておきました。

それは、お世話になった実習生へ、合唱をプレゼントしようというもの。私は、「ピアノの代わりに電子オルガンを使って」「机を下げてスペースをつくる」など、指示を書いておいたわけです。この発想は、何人かの子どもたちからもらっていました。

翌日、代わりに入ってくれた先生が「みんな頑張ってやっていたよ」と報告してくれました。ところが、私が子どもたちに聞くと、一人の子どもが「ええ！　やだ！」と駄々をこねて、その先生に叱られていたことがわかりました。

私はその子に聞きました。

「どうしてそんなことを言ったんだ？　それを聞いた実習生はどう思うかな？」

するとその子は「先生が算数のときに面白い問題を出してくれるって言ってたじゃん」と答えたのです。

ハッとしました。

その子は、毎朝五時半に起きて一時間勉強をしてくるほど算数が好きな子でした。塾に行かないで六年生まで頑張るんだと意気込んでいて、私に算数オリンピックの問題を出してくれとねだるくらいです。

そういう背景もあって「出張のときには算数のプリントを出すからね」と約束していた

ことを思い出したのです。

私は何も言えなくなり、深く反省しました。後になって謝り、次は必ずつくってくるからねと約束しました。

「合唱すれば盛り上がるだろう」という自分の思い込みで、子どもを傷つけてしまった……。

こういう瞬間にきちんと反省できるかどうかだと思っています。

似たような話で、合宿の山登り中に私が怒ってしまった女の子がいました。山登りでみんながいい雰囲気で頑張っているなかで、けんかをしたのです。ある男の子が耳を押さえて泣いているのを見て、「どうした?」と聞いたら、その女の子にたたかれたと訴えてきました。

その瞬間、この大切な合宿で、その大切さも事前に説明していたのに、どうしてけんかなんかと、事情もあまり聞かずに叱ってしまったのです。

気が強い子だったので反抗もしてきたのですが、なんとかみんなで山に登りました。でも、その子は私を無視するし、私もほとんど相手にしませんでした。

仕方がないので、そのまま下山です。

その後の様子もなんだかおかしかったのです。キャンプファイヤーでみんなと違う行動をして邪魔をしたり、帰りのバスの中に忘れ物をしたり……。

合宿から帰って二日後の夜、気になってその子の家に電話をしました。「お子さんの様子はどうですか？」と保護者の方に聞くと「二日間泣きわめいていた」と言われました。「どうしたのか聞いても何も言わない。ただ寝転がって泣きわめいている」と。三日目になってようやく収まったようですが。

その子は、先生に叱られたとは一言も言っていませんが、ずっとひきずっていたのです。

私はまた深く反省しました。家に帰ってこんなにもストレスを抱え、苦しむようなことをしてしまった。子どもはこんなにも引きずってしまうんだと。

どんなことがあっても、二日間泣かせるような教育をしてはいけません。他のやり方をしなければいけなかったと猛省しました。

学校に来たらちゃんと謝らなければいけないと思いました。その子との関係性を再構築する必要がありました。

あとから聞くと、合宿以外にも原因があったことがわかりました。そのことも、納得いかない理由のひとつだったのでしょう。

その子は自分が悪いこともちゃんとわかっていて、その葛藤で苦しんでいたのです。

自分がよかれと思ってやったことであっても、失敗であればそれを認めてやり直す。教師というのはこれの繰り返しです。

column 01

担任の思い

『教育研究』二〇一八年一月号

　昨年度六年生を卒業させ、四月から三年生の担任になった。初めて出会った子どもたちは、眩しいほど純真で可愛かった。

　本校は一年生から三年生まで、そして四年生から六年生まで、原則として三年間担任は変わらない。三年かけて子どもたちと学級をつくることができるシステムである。

　ただ、今回は違った。二年生まで担任をしていた先生が副校長になったので、その後を引き継いで担任をすることになった。前担任は、教科指導だけでなく学級づくりにも定評のある先生だった。

　それは子どもの姿を見てすぐにわかった。子どもたちは自分をもっていて線が太い。「これやってくれる人？」と聞けば、全員が手を挙げてやりたがるようなエネルギー満点の子どもたちであった。やはり一人一人が大切に育てられていると感じた。

　彼の作った学級文化を味わえることはとてもプラスだったが、これから自分がどうするかを考えると不安になった。それでも、四月から子どもたちは教卓のまわりに集まって私によく話しかけてくれた。この調子なら早く子どもたちにとけ込めるかもしれないと思った。

　そんなあるとき、子ども同士の話が耳にとまった。

「盛山先生と仲良くなったよね。清里合宿前だけど副校長室に行っていいかなあ？」

えっ、と思い話を聞いてみると、前担任は別れの時にこう言ったそうである。

「清里合宿が終わって、盛山先生と仲良くなるまで先生のところに来てはいけません」

子どもたちはその約束を守り、会いにいきたい気持ちを抑えて、懸命に私と仲良くなろうとしていた。また、四月当初は学校生活全般において以前と違うことに気づくと、つい「〇〇先生のときにはこうだったのに…」と言葉が出た。しかし、すぐに「いや、いいんです！　盛山先生なんだから。」と自らに言い聞かせるように修正するような場面が見られた。聞くと、前の担任の先生と比べないで、新しい先生と新しくクラスを作る気持ちで頑張るように、お父さんやお母さんに言われているとのことだった。

後からわかったが、前担任が随分そういう話を保護者にしてくれていたらしい。

子どもや保護者を安心させるため、そして、私の学級づくりのために、前担任が多くの心遣いをしてくれていたことに気づかされた。そして、彼の言葉を信じ、前向きに取り組もうとする子どもたちと保護者の姿こそ、彼の学級づくりの成果であり本質なのだと実感した。

スタートして半年が過ぎた。先日は文化祭で、クラスのみんなでダンスパフォーマンスの発表をした。それを見ていた卒業生がメールをくれた。〝いい雰囲気の学級を作っているじゃないですか〟何をわかったようなことを言って！と思いながらも、今はそんな言葉一つ一つが糧になる。この子どもたちと最後まで走り続けたい。

第2章

子どもが輝くための日々の実践

学年のスポーツイベント

クラスをまとめる3＋1のルール

年度の当初には、学級のルールや方針を決めることも必要です。これは多くの先生が実施されていることかと思いますが、私はいつも三つのルールを挙げます。

一つ目は人を「**傷つけない**」こと。

言葉を使って人を傷つけてはいけないし、もちろん暴力で人を傷つけてはいけないという約束です。

この約束を破ったときに、先生は叱る権利をもちます。だから、私がきつく注意したり、叱ったりするときには「言葉で誰かを傷つけている」ということが理由にからんでいると伝えます。

二つ目は人のものを「**盗らない**」こと。

そう滅多にあることではありませんが、学校でも人のものを盗んだり、失くしたりといった事件が起きることがあります。そうなるのは嫌だから、みんな自分の名前をきちんと記入しよう、と伝えます。

人のものを盗らないということは、ものを大事にしよう、ということでもあります。鉛筆などが床に落ちていれば、私は必ずそれが誰のものかを追求します。

落とし物箱が用意されていて、そこに入れれば終わり、であれば簡単かもしれません。しかし私はここに少しこだわります。

「この鉛筆、誰か使っていなかったかな？」とか、「ここにさっきまでいたのは誰だったかな？」と言って持ち主を探します。手がかりをもとに、落とし主が見つかったときにはそれを喜び、みんなに伝えます。「よかったなあ、この鉛筆はこれでまた生きるぞ」と。

行事などで多くの人が出入りするときには、無記名の落とし物が出てくることもあります。私はそんなときも少しこだわって探しますし、保護者にも必ず持ち物に記名をするよう伝えています。

これらはすべて「盗ってはいけない」ことの裏返しです。人のものを盗らない、自分のものを失くさない環境をつくる、これが目的です。

三つ目は「**嘘をつかない**」こと。

これは、**自分を大切にしてほしい**というメッセージです。自分が思ったことややったことに対して嘘をつく必要はなく、ありのままに言っていいし、やっていい、ということです。ただし、それが人の迷惑になれば、歯止めをかけることもありますが。

肝心なのは「**あなたはそのままでいい**」ということ。正直であり、素直であること。それが自分を大事にするということです。

嫌だなと思ったらそれを言えばいいのです。そこには何かしらの原因があるわけですから、わざわざ嘘をついて無理をする必要はありません。やりたくないと思うことがあれば、それをきちんと伝えればいい。そう思ったのはその人の本当の気持ちなのですから。

授業に置き換えてみれば、わかったフリをしない、ということでもあります。わからないことがあったときに、嘘をついてわかったフリをするより、わからないということをき

× 盗らない
× 傷つけない
× 嘘をつかない

ちんと言った方が、みんなから好かれるし、助けの手が差し伸べられます。

わかったフリをし続けても、いずれわかります。それは自分のためになりません。

これらは気持ちよく学校生活を過ごすときの三つの約束として、筑波小での私の前任者であり、たくさんのご指導をいただいた故・坪田耕三先生が一年生に伝えているのを聞いて、私も納得して使っているものです。


また、私個人が大切にしている方針として「**仲間を大事にする**」ということがあります。

私のクラスでよく使っているスローガンは「友達から仲間へ」。

友達というのは一緒に遊んだり、話をしたりして楽しいと思う人ですが、仲間というのは少し意味が違ってきます。その違いがなんであるかは、子どもたちに考えさせます。

私が伝えたいのは、**そこに「高め合う」という要素が入ってくる**ということです。ときには厳しいことを言い合う場合もあるかもしれませんが、お互いに学力を高め合ったり、合宿や運動会でアドバイスをし合ったりすることで、高め合うのが「仲間」です。

この「仲間」の意識がないと、高学年になってクラスの雰囲気がおかしくなるときがあります。他の子が低い点をとったときに喜ぶような空気。これはよくありません。教え合ったり、ノートを見せ合ったりして高め合う、これが仲間です。

子どもたちには折に触れてそういう話をします。これが仲間の姿である、と。だから私のクラスの学級通信のタイトルも「仲間」です。

傷つけない、盗らない、嘘をつかない、それに加えて仲間を大事にする。私がいつもクラスのはじめに確認する価値です。

ちょっとした男女の交流の場を増やす

よいクラスをつくるには、男女が分け隔てなく交流することが必要です。もちろん男子同士、女子同士の交流も必要ですが、こちらは自然と交流しやすい。一方、男女の交流というのは、子どもたちだけに任せていては、なかなか浸透しません。

クラスの中には気が合わない子もいるでしょう。しかし、だからこそ教師としては、交流する場面を増やしますし、それを子どもたちにも保護者にも伝えます。

保護者同士の場合、一旦関係がこじれたら、ほとんど会うことはありませんので、修復することはかなり困難です。でも、子どもの場合は**毎日会って言葉を交わす機会があるので、必ず修復することができます**。

だから気が合わない子ども同士こそ、違った側面を見る機会を増やさなければいけないのです。それはちょっとした交流の場でよいのです。

たとえば席替え。私のクラスでは、なるべくたくさん席替えを行います。そして、席替えのときには、移動した後に隣の子のよいところを二つほど挙げてもらい、みんなの前で発表させます。

これもちょっとしたコツですが、**よいことはみんなの前で発表させ、悪いことは私が個別に聞く**ようにしています。

最近も席替えをしました。いまはクラスが始まってもう一年半経っているので、一ヶ月に一回しかしていないのですが、子どもたちは楽しみで楽しみで仕方がない様子。今回も席替えをした後、隣の子同士で握手をさせて、自分の誕生日を伝え合い、いままでのクリスマスプレゼントでいちばん嬉しかったものを伝え合わせました。

伝え合った後、誰かを指名して、その相手が語ったことを発表させるのです。このようなちょっとした活動をなるべく頻繁に行うようにします。

実は、**男子と女子は仲を悪くしようと思っているわけではなく、むしろ関心があって言葉を交わしたいと思っている存在**なのです。でも、男女で仲良くしていると、誰かにからかわれるかもしれない、と思って怖がっているのです。

だから、教師が責任を持ってそういう触れ合いの場をつくってあげれば、子どもたちは喜んでやります。誰かに何かを言われたら先生のせいにすればいいわけですから。

他には給食もいい例です。私のクラスは四人グループで給食を食べていますが、「今日のご飯のなかでいちばん美味しいと思うものを隣の子に伝え合いましょう」とか「それに関連して、自分の大好物を伝え合いましょう」などと、お題を出して話をさせています。これだけでも、とても盛り上がります。

野外のゲームや寸劇、なんでもかまいません。とにかく何か触れ合う「きっかけ」を繰り返しつくってあげるとよいでしょう。

目的は交流です。だから、一人ではできない、二人、三人で行うことであれば形式にこだわる必要はありません。

学級が崩壊するクラスは、男女の仲が悪いことが多いです。なぜか男女の対立がある高学年では、男子が突っ走ってしまうとき、普通は女子がバランスをとる役割をしてくれることが多いのですが、それができなくなっているクラスが増えているように思います。

安心できる学級をつくるためにも、男女の交流は日頃から意識して行っておくことが大切です。

ぼくは…
私は…

教室の環境を整える

　他の学校やクラスにお邪魔したときに、つい見てしまう掲示物。係の表や連絡事項から子どもたち自身で考えたポスターや学級目標……。子どもたちが楽しく充実した学校生活を送るために、うまく掲示されていることにいつも感心します。

　ただ、たまに違和感を覚えることもあります。それは、掲示物があまりにも揃いすぎているとき。教師の指示通りすぎて、ぱっと見はカッコイイのですが、もう少し自由にやってもよいのではないかと思うのです。

　私は**教室に掲示するものについては、子どもたちと相談しながら決めていきます**。行事など、そのときどきに応じて、必要なものが必然的に並んでいるものが美しいし、自然だと思います。とにかく、子どもたちがほしいと思っている情報を出してあげるのがベストです。

たとえば自己紹介カード。クラス替えをしたときに掲示したのですが、そこにひと工夫を加えてみました。

自分の紹介文と一緒に、**隣の席の子の紹介も取材して書かせる**のです。すると、みんな自分がどう書かれているか気になって、他の子の自己紹介も真剣に読みます。そして席替えをしたら、新しく隣になった子の紹介も書かせます。それをクラス替えから数ヶ月繰り返すのです。

子どもが読みたくなるような掲示物になるように工夫をするのです。子どもたちの教室ですから、子どもたちがつくったものを飾るのがいいでしょう。

また、**教室環境の秩序も大事**にしています。カーテンがどうなっているか、黒板がどうなっているか、マジックがどのように置かれているかなど、いつも決められた形にしておくと教室が美しくなります。教室の環境をいつも気に留めておくようにすると、子どもたちも自然と美しさを保とうとするようになります。

これは教室の環境だけでなく、机の中もノートの中身も同じことで、ひいては学ぶ力の形成にもつながる話だと考えています。

掃除や片づけの意味

勉強はすごく頑張る子どもでも、面倒くさいことは嫌がることがあります。たとえば掃除。私のクラスでは「**もくもく掃除**」といって、掃除中は私語を禁止にしています。「お父さんやお母さんが仕事しているときに喋っているかな?」と聞いてみます。本当に集中しているときは喋っていないだろう、と。だから、掃除をする十五分間は喋らず、教室をきれいにするためにきちんと仕事をしようと伝えます。

最初はみんなで掃除の仕方を勉強します。そして、ある程度掃除の仕方がわかってきたら、てきぱきと終えられるようにする。教室の掃除には必ず私も参加するようにします。

慣れてきたいまは、掃除を七、八分で終わるようになりました。残りの時間は、細かいところの整理整頓に当てていきます。子どもたちはグッと集中。いい雰囲気です。学校でいちばん掃除の上手いクラスになろうというのが、現在の目標です。

基本的に、教室はキレイに保つようにしたいですね。**子どもたちに美しいものを見せることによって、その環境に慣れさせたい**からです。ゴミが落ちていたらすぐ拾いますし、放課後には整理整頓をします。

散らかっている状態をあえてそのままにしておき、子どもたちに見せて注意をするという方法もありますが、常にキレイな状態を見せる方が効果的だと思います。

給食の準備と後片付けも大事にしています。

とくに後片付けのときは、次が休み時間なものですから、適当にやって遊びに行ってしまう子どもが多かったのです。給食当番なのに忘れて出て行ってしまうとか、汚れたものに触ることをやたらと嫌がる子どももたくさんいます。

キレイにするためには、自分の手を汚すことになります。それが進んでできる人間性を身につけてもらいたいと思います。手は汚れたら洗えばいいのです。

習慣づけの仕方は掃除と同じで、最初のうちは子どもたちと一緒にやります。**必ず教師が見ているることが前提**です。見ていることによって、子どもたちも一生懸命片づけ、それがやがて習慣になって、教師がいなくてもできるようになってきます。「やっておいて」とだけ言って、教師が不在になってしまうのでは、絶対にできるようにはなりません。

私は徹底的に、でもニコニコしながら見ています。トレーの入れ方から、牛乳パックのたたみ方まで、丁寧に指導します。お皿を重ねるときに、残り物を捨てずに重ねてしまうことがよくありますが、そういった細かいことまでチェックします。そして、**課題を与えた以上は、見守らなければいけないし、最後は褒めてあげないといけません。**

これをしばらくやっていると、合宿などでもキレイに片づけられるようになります。いままでは、給食の後片付けについては子どもたちも自信をもつようになりました。

こんな細かいことを徹底してやるだけで、クラスの雰囲気が安定します。

そしてこれは学ぶ力にも関係してきます。**掃除や後片付けがきちっとできるようになると、一見無関係な他のことにも影響してくる**のです。

たとえばノートをきちんと書けるようになろうというのは、どのクラスでも目標になります。私のクラスでは、掃除や給食と同じように、私が見守るようにしています。

毎週金曜日の朝活は、外に出ないで教室で過ごす日になっています。これは学校としてのルールです。この時間、私のクラスでは「ノートチェック」といって、すべてのノートを子どもたちが持ってきて、班で交換し合ってチェックします。すると、みんながきちんと、どの教科でもノートを書くように意識し始めます。

これは保護者も喜びます。学ぶ力が上がるわけですから。

きちんとやり遂げるイメージは給食の後片付けも、ノートも同じだということを教えてあげます。そこには、頭の良い悪いは関係ありません。板書をしっかり見て、自分の思いを書く。これは全員ができることです。書く内容までを指定しているわけではありません。

このように、生活の中の細かいことをきちんとやり遂げることで、学ぶ力も段々と上がっていくのです。

人の嫌がることを進んで担当せよ

玉川大学の創始者、小原國芳のモットーに「**人生のもっとも苦しい、嫌な、辛い、損な場面を、真っ先に微笑みをもって担当せよ**」という言葉があります。

私は、この言葉が好きだということを、押し付けにはならないように、でもしっかりと子どもたちに伝えます。

この言葉にあった行動をする子どもがいたら、必ず褒めてみんなに紹介します。なかなかできることではありませんね。

一昨年の秋、デンマークやスイスへ授業研究に行ったときに、スイスに留学中の元教え子に会いに行きました。その子は、中一の途中から海外へ行き、一人で頑張ることを希望しました。

その子の両親は、当初はいろいろと考えることがあったようですが、彼の意志が強く、最終的には留学を決めました。ご両親も中学生の子どもを海外で一人にするというのは、相当な不安があったことでしょう。

そのような事情も知っていたので、授業研究でたまたまスイスの近くの街まで行ったときに、その子の様子を見に行くことにしました。留学をしてから約二年後、その子が中学二年生の頃のことです。

駅まで私を迎えにきた彼の顔は明るいものでした。留学したてで英語ができなかった頃は苦しいこともあったようですが、訪問した頃にはずいぶん英語もできるようになっていました。

彼の案内で学校を見て回り、食堂で話をしましたが、私の知っている小学六年生の頃に比べて大きく成長していました。ものすごく前向きで、充実した学園生活をたくさん語ってくれるのです。

そんな成長ぶりの中でも、とくに**まわりに気を遣った行動が印象に残りました**。たとえば、落ちていたゴミを黙って拾いゴミ箱へ捨てたり、ドアを開けるとき、自分の腕でドアを支えて私たちをさっと先に通したり、といったことです。

そういう気遣いがさりげなくできるというのは、とても大きな成長だと思いました。帰り際、駅まで見送ってくれた後も、すぐに丁寧なお礼のメールを送ってくれて、これにも感動しました。その気持ちをお母さんにメールしました。

些細なことですが、このような気遣いができるというのは、すぐに身に付くものではありません。きっとこの一年半、一人でいろいろな苦労を経験し、深く考え、自分のいまや将来を見つめ直したに違いありません。あえて自ら飛び込んだ苦しい場面を糧にして、人間を深くしたのだと思います。

私は、クラスの子どもたちに彼の話をしました。皆、真剣な表情で頷きながら聞いていたのが印象的でした。

クラスを越えて温かい空気を共有する

クラス目標としての「仲間」はいつも私から提案していますが、その後の細かい課題は子どもたちに考えさせます。

イベントごと、運動会であればどんなふうに勝ちたいのか、劇であればどんな劇をつくりたいのか……。

たとえば「日本一の劇をつくろう」という目標を子どもたちが立てれば、練習の途中で「この程度で日本一か！」と私が激励するわけです。

私の学校の運動会では、二クラス合同でチームをつくります。運動会で合同チームになるクラスが決まった後、私は、子どもたち全員を集めてスピーチをしました。「運動会に向けて、今日からみんなはチームなんだ」と。合同練習の際、クラスで対抗戦にしてしまうことがよく見受けられますが、私は対立関係にしないで、混合のチームによる練習を多く取り入れます。

運動会に向けて、すぐに実践練習を始めるわけではありません。しかし、**競技で勝つためにはとにかく心と心が通じ合う必要がありますので、いろいろな機会にクラス交流の場をつくります。**

子どもたちにもアイデアを募りました。すると、放課後のキックベースを一緒に組んでやろう、といった案が出てきました。他にも遊びやお弁当を一緒にする案もありました。担任同士がチームになって、そのぐらい仲良く活動していくことで、子ども同士の心の交流が生まれます。

時には、担任が話し合って二つのクラス合同でよい雰囲気をつくる。そういう雰囲気は子どもの心を明るいものにします。

また、一つの例ですが、劇でも協力したいので、途中で見せてくれと頼みました。普通は途中の様子を他のクラスに見せることはないのですが、お互いに見せ合ってよいものを創り出すために協力しようという趣旨で話せば、子どももわかってくれます。そうすれば、見る側の子どもたちは、劇をする側のクラスの子どもたちを応援する気持ちになってくれます。

私のクラスが劇をつくるときには、逆にアドバイスをもらいます。こういう**温かい仲間関係、応援する気持ちを日頃の学校生活の中で構築しておくようにします。**

きっとチームワークよく運動会に臨むことができると思います。

それは勝負に勝ちたいということだけではなく、勝負に負けたときに生まれる雰囲気を考えてのことです。

クラス合同で挑んだ試合に負けると、クラス同士で失敗を押し付け合い、けなし合う雰囲気が生まれる場合があります。そんな空気にならないよう、早くから二つのクラスをひとつのチームにしていく必要があるのです。

主体的な子どもの意味

自主性と主体性という言葉があります。

自主的に行うというのは、行う内容は決まっています。たとえば掃除の時間。何時から何時までに行うことは決まっています。それを先生に言われなくても率先してやる。これが自主的ということです。これも確かに必要です。

それに対して、主体的に動くというのは、**子どもたちが自ら何をするか、何をしたいかを決めること**です。

主体的な子どもというのはよく「生意気」と見られます。なぜなら学校という場は、やることはだいたい決められているからです。主体的な子どもは「決められたこと」に対して、「嫌だよ、こういうことがやりたいよ」と言います。

そうやって意見を言う子どもほど、主体性を持っていると理解するべきです。やりたいこと、やるべきことを自分でもっているので、教師と対立することも多くなってしまいます。しかし、そんな子こそ「主体性があるな」という目で見てあげてほしい。

私のクラスの子どもたちは、やるべきことが決められている場合でも、「こういうことがやりたい」と自分たちで希望をもって提案してきます。

そこで否定するのではなく、**子どもの意見を可能なかぎり受け入れ、応えてあげられるようになれば、子どもたちからの信頼感は増していきます**。

いつも教師の都合で決め、従わせるようだと「この先生に何を言っても聞いてくれない」と思われ、子どもたちは離れていきます。だから私は、子どもの主体的な提案を、なるべくかなえてあげるようにしています。

合意形成するための六つの観点

芋掘りのときにドロケイ（鬼ごっこのような遊び）がしたいという意見が出てきました。芋掘りに行く公園はとても広いので、クラスの三十二人全員でドロケイをすれば、とても豪快で楽しそうという子どもの気持ちもわかります。

そこでドロケイをやろうと決めるのですが、クラスの中にはドロケイをしたくない子も三分の一ほどいます。

走るのが苦手な子、フリスビーといった他の遊びをやりたい子がいました。そこで、どのように決めるかがポイントになります。

クラスで話し合いをもっても、合意形成は簡単ではありません。最終的に先生の判断で決めてしまうこともあるでしょう。

クラスの意見が分かれたときに、半数以上が賛成すればやる、反対する子どもが半数を超えればやらない。このように**多数決でイチかゼロに決めてしまうのはあまり得策ではありません**。

三分の一の少数派の意見をどのように取り入れるか、そこで創造的な打開案を出せるかどうかが、クラスでの話し合いにおける教師の腕の見せどころです。

複数の観点から子どもたちに考えさせるようにしなければ、感情論に陥ってしまいがちです。そうなると声の大きい子どもの意見がいつも通ってしまい、クラス内で納得した合意形成が難しくなってしまいます。

私がいつも子どもたちに伝えている、**「決め方の観点」は六つあります**。

① 時間軸で決める

ここからここまでは個人で自由に遊ぶ時間。ここから最後の一〇分間は、全員で遊ぶ時間……といったように時間で区切ることはひとつの解決案です。

もしくは、「前回はこういう遊びをやったよね、だから今回はこの遊びにしよう」と提案すれば、受け入れやすくなります。

「いま」だけで考えてしまうと反対意見も出ますが、過去や未来に目を向けさせることで妥協できる子どもはたくさんいます。

これが時間軸を観点に決めるということ。**その日の時間を分割したり、過去や未来の観点を持ち込んだりして決める**のです。

②　対応軸で決める

ドロケイをやろうという意見に対して、足が遅いから嫌だという子どもがいます。対応軸というのは、このような子どもの懸念に対応策を練ることです。足が遅いから嫌だと言う子どもがいれば、そこでハンデをつけることを提案します。十秒先に逃げられるとか、二回タッチされるまでつかまらないとか。

固定のルールではなく、**子どもたちの問題に対応したルールを設定することで合意を得られる**ことがあります。

③　目的で決める

三年生がホストとなり、五年生を招待して出かける「きょうだい遠足」。その目的地を決めるのは三年生ですが、自分たちが行きたい場所を決めるのではなく、五年生が喜ぶような場所を決める必要があります。

このように、目的を優先して決める場合もあります。

先ほどのドロケイの話ですと、普段全員で遊ぶ機会があまりないので、**全員で遊ぶことが目的なんだと訴えることができれば、他の子どもも納得するかもしれません。**

④ 統合する

ドロケイがやりたいという意見と、フリスビーがやりたいという意見が対立すれば、それを融合することはできないかと考えてみます。

足の遅い子はフリスビーを持ち、それを相手に当てたらタッチしたことになるという特別ルールをつくるのです。柔らかいフリスビーを用意して、足を狙うという条件をつけなければいけませんが。

こうすれば、ドロケイかフリスビーか、**イチかゼロかではなく、両方を取り入れた遊びをすることもできます。**

決め方の観点
①時間軸
10分だけね
②対応軸
10秒ルールね！
③目的
全員でやろう！
④統合
タッチ！
⑤思い
絶対に楽しいから！
⑥現実
ドロケイだな
ボール禁止

⑤　思いで決める

主張側の思いを聞かせることも大事。それが説得力を持つ場合もあります。なぜドロケイをやりたいかということを、みんなの前で語らせてみます。なかには熱い思いを持って提案してくる子どももいます。すると、**主張を聞いた他の子どもが、そんなに熱い思いをもっているならそれに従うよ、と納得することがあります。**

⑥　現実的な条件で決める

その公園はボール投げが禁止です。また、保育園や幼稚園の子どもたちが遊びに来ることもよくあります。そんなときに、五年生の子どもたちが全力で走り回ったら危ないですよね。

その場に行ってみて、現実的な状況をよく見て決めるということもあります。他にも時間や費用など、現実的な条件を考えてコントロールしながら決めることも大切です。

主体的に課題を決めたい子どもたちがいるときには、このような観点を話し合いの場に取り入れ、決めるための理由をつくっていきます。なるべく教師が強引に決めてしまうことは避けます。

教師が決めてしまえば確かに早いでしょう。それが必要なときもあります。しかし、そのときには「この場合は、自分が決めてしまっていいのだろうか」と、状況を考えて判断することが大切です。

手紙を使って普段とは違う言葉を贈る

私は直筆の手紙は、真心を相手に伝える最高の手段だと考えています。子どもたちへの手紙や保護者への手紙、または保護者から子どもたちへの手紙や子どもから保護者への手紙……。

気持ちを込めて手紙を書くと、それは必ず受け取った相手に届きます。保護者に子どもへの手紙をお願いするときには、私は「手紙は、子どもの心と体をよくするための薬なんです」と伝えています。

実際、手紙を受け取った子どもたちは、とても興味をもってじっくりと読みます。**口で言う言葉とは違う重みがある**のです。

こういったことを繰り返していると、何か大事なときには手紙を書いて伝えようと、親も子どもも意識が変わってきます。

誕生日会のことを例に挙げます。

筑波小の場合は三年間クラス替えはありません。まず一年目は、一人ひとりの誕生日のときに、色紙の真ん中に集合写真を貼ってそのまわりに全員からのメッセージを入れて本人に渡しました。

これはクラスが始まって間もない時期には有効だと思います。誕生日を迎えた本人は当然喜びますが、子どもがそれを持って帰り、保護者に見せることも私はイメージします。わが子がクラスの中心になって、みんなからお祝いのメッセージをもらっているのを見たら、きっと安心すると思うのです。

しかし、二年目となる五年生になったとき、それぞれが手紙を書き、それを集めて誕生日の子に渡す形にしました。これには、私がチェックできないというデメリットがあります。色紙であれば、私が見て「言葉が足りない」「相手の良いところを書きなさい」といってやり直しをさせることができますが、今回はできません。

これをノーチェックで書かせるというのは、慣れてきたからということもありますが、信頼の証ということでもあります。「いままで書いてきたのだから、気をつけなければいけないことは分かるよね」という信頼です。

　クラス全員、三十一枚の手紙が来ると、子どもたちはとても喜びます。誕生日が近づくと、手紙を集める袋をそわそわして覗いてみる子もいるほどです。**手紙で気持ちを伝えると、もらった側はとても嬉しいという経験があるからできる**のです。

子どもの「予想外」を楽しむ

何か意見があったときに、子どもが教師にすぐ言える雰囲気をつくる必要もあります。これは学級経営も授業も同じです。

子どもはもともと動的で活発な存在です。それを無理に静かなだけの授業にしても、子どもが持っているエネルギー総量は変わらないはずなので、押さえつけられたエネルギーを陰で発散するようになります。

素直に向き合っていれば、活気のある教室になります。逆に活気がないクラスであれば、「裏に何かあるぞ」と怪しまなければいけません。

授業においても、**教師の顔色を伺わずに子どもが自由な意見を言える雰囲気づくりが大切**だと思うのです。

特に算数は自由な思考ができるので、答えはひとつに決まっていたとしても、そこまでのアプローチは無数にあります。

たとえ教師が「答えはAだ」と言ったとしても、子どもがBやCの意見を持つことはまったく問題ないし、そういう学習の舞台であってほしいと思います。**教師も子どもも同じ舞台に立って、みんなで議論するような空気**です。

教師が基準になって「これは合っている」「それは間違っている」という判断を下すだけになり、教師にいつもお伺いを立てなければいけない空気になっているクラスもあると思います。権威主義的と言えばよいでしょうか。

合っているか間違っているかも、内容に基づいて子ども自身が判断できるのが算数です。1+1が2になるということは、教師に聞かなくても、たし算の意味を理解していれば、子ども自身が判断できる事柄です。

これが大前提にあって、子どもたちがいろいろな捉え方をして、自分の考え方を述べ合って、多様性があるクラスを目指したいですね。

坪田先生がおっしゃっていたことで印象に残っている言葉に「予想外がいちばん面白い」というものがあります。教師さえも考えつかないような考えを述べてくれる、それを聞い

すごいね！
どうしてそんなふうに思ったの？
先生！
○○だと思います！
なるほど！

て面白いと思った瞬間が教師として最良の瞬間だと。私もそう思います。

しかし、教科書に書いていないような考えが出てきたときに、それを吟味しないで否定してしまうような授業をすると、子どもたちは教師の器の小ささを感じてしまいます。また、常に教師の範疇でいなければならないとなると、反発する子どもたちも出てきます。

教師がいつも予想外の意見をはねのけるような対応をしていると、子ども同士の関わり合いの中でもそれを真似します。これがいじめにつながることもあります。

予想外を受け入れる教師の方が子どもたちは好きになりますし、学習内容そのものにも興味を抱いてくれます。

予想外を受け入れられるかどうかで、授業者の腕が決まるわけです。

坪田先生は子どもの予想外の考えに出合い、面白いと感じたとき、教師という職業が「**神さまから与えられたいちばん楽しい仕事だと思う**」ともおっしゃっていました。

いかに予想外・多様性を楽しんで、そして受け入れて、教師と子どもがみんなでつくっていけるか。授業も学級経営も同じで、これが最重要だと思います。

子どもの反応に合わせて授業を変える

算数には、表現の仕方が五種類あります。

まずは、式を中心にした**記号的表現**。数字や演算記号を組み合わせてつくる算数の文章ともいうべき表現です。他に、テープ図、線分図、面積図などの**図的表現**。算数の問題を日本語で解決・説明する**言語的表現**。ブロック、おはじき、方眼紙の立体などの具体物を使った**操作的表現**。最後は、実際に本物を用いて思考を表す**現実的表現**です。

このようにたくさんの表現形式があるのは、算数が国語や社会と異なる点です。これら**たくさんの表現形式を、一人の子どもにすべて負わせない、という原則**が私の中にはあります。役割分担ですね。

たとえば、算数が苦手な子でも、図をかくのは得意な場合があります。そういう子には、式を図に表すところを担当してもらうことがあります。もっと分割して、図は他の子にかいてもらって、その一部の数字だけを書くように分担してもよいでしょう。

逆に、図や式は書いてもらったうえで、これを言葉で説明するところだけを他の子に担当してもらうこともあります。

いままでは一人の子どもが図も式も書いて、説明も発表する形式が多かったのですが、いまではそのパターンをやめて分担するようにしています。**大勢で授業をするときに、一人ひとりの表現する機会を少しでも増やしてあげたい**のです。

さらに進むと、算数が得意な子に担当してもらう箇所、苦手な子に担当してもらう箇所など、授業者として子どもの役割分担を考えてあげる必要があります。そうしてひとつの考えを発表するときに、なるべく多くの子が加われるよう、みんなで理解できるように演出します。授業に〝お客さんをつくらない〟ようにするのです。これだけで授業の空気はだいぶ違います。

子どもは自分で表現しないと学習を「自分のもの」にできません。よほど前向きに聞いている子どもでないと、話を聞くだけで内容を理解するのは難しいのです。

わからない子どもや間違えた子どもを、いかに授業の中心に配置するかというポイントもあります。

中心というのは、悪者にするということでは決してなく、その子のおかげで他の子どももより深く理解することができた、という位置に持ってくるような授業展開です。

困っていること、わからない状況を言葉で言ってもらい、それを全体で考える流れにするのです。その子の「わからなかった」という思いを授業の中心に据えるわけです。そして全員でそれを考えてみようと進めます。

わかっている子どももちろんいるでしょう。しかし、わかっている子どもは、それをよりよく友達に説明できるようになろうと別の課題をもたせます。また、数字を変えたり、別の想定をしたときにどうなるかという、発展の問題を考えてもらったりすることもあります。

ひとつの問いについて全員で考えて理解するところまでもっていき、最終的には、最初わからなかった子がどこまでわかったかを説明させて、授業を終わらせます。

これだけでクラスを底上げすることができます。

このように、**それぞれの子どもたちの役割を教師が交通整理していく**のです。そうしてすべての子どもたちが活躍できるような授業をつくっていきます。

一時間の授業でクラス全員を活躍させることは難しいでしょう。しかし、次の時間は別の子に当てるなど、授業の展開を記録しておき、順に活躍させることはできます。

これが進むと、今度は子どもの方から進んで「当ててくれ！」と言ってくるようになってきます。こうなると授業の展開は楽になります。**子どもたちが表現したくてたまらないクラスに仕上げていく**のです。

表現の機会が増えると、子どもたちが乗ってくるというか、授業への参加態度が積極的になってきます。

これは四十人のときより三十人程度の方がやりやすくなったと思います。もっと少なくてもよいのかもしれませんが、そうなると逆に多様性や活発さが減ってしまうので、いまくらいのクラスの人数が丁度よいのかもしれません。

底上げをするだけではなく、難しい問題を出してくれとせがむ子が増えれば、たまに算数オリンピックレベルの難問を出すこともあります。このような発展の問題を出すときは、どうやって全員に理解させるか、ということが教師側の課題になります。

結果が多様に生まれる「オープンエンド」の問題も出します。これは全員が何かしらの結果を出すことができますが、その質が問われることになります。

計算をたくさんして、スピードを競う授業があってもよいでしょう。計算が得意な子どももいます。作図の授業も必要です。きれいに作図するのが得意な子もいます。

算数と言っても、**子どもたちが個性や能力を発揮できるように、とにかくバリエーション豊かな授業を展開できるようにしておくこと**が大切です。

授業計画も、この時期は作図を多めにとか、今度は計算のドリルをやってみようとか、話し合いの授業に偏り過ぎないよう、ワンパターンにならないように考えます。

そしてその計画を、**子どもたちの反応に合わせて柔軟に展開**します。反応は子どもの顔やノートを見ればわかります。

子どもたちの顔を見ながら、彼らがどういうことに喜ぶのかということを常に意識して、授業に変化をつけていくのです。

子どもが自然体でいられる授業をつくる

私の授業には決まったルールを用意していませんが、理想をひとつ挙げるとしたら**「自然体」**ということです。自然体で進めてみて、まったくノートを書かない子がいるとか、友達の邪魔をする子がいるとか、そういう問題が出てきたら対応をしていきます。問題が起きない限りは、**子どもたちがいちばんリラックスした状態で、気持ちよく授業が流れていくこと**を目指して進めます。余計なルールは要りません。

とはいえ、自然体で授業を進めるためには、様々な配慮が必要です。保護者との面談で、成績の悩みを相談されることがあります。勉強面で弱いところがあれば、その子の力をどう引き出すか、授業で手だてを打っていきます。

たとえばノートを集めるときに、その子を重点的にチェックして、ノートを通じた会話を増やしていったり、週に一、二回程度、子どもたち同士でノートを見せ合ってよいところを探させたりします。

ノートの見せ合いはクラス全体で取り組んでいることですが、実はノートをとるのが苦手な数名のためにやっていることです。結果的には、みんなのためになるのですが。

授業内での発表についても自然に力を引き出す工夫をします。まず、みんなの前で発表するということは、大人も含めて大変に難しいことだと理解させることが大切です。

そしてハードルの低いものからチャレンジさせます。まずは隣の子と話し合うとか、簡単な答えのみ言ってもらうとか。そこから、前後の席や男女間での説明のし合いなど、少しずつハードルを上げていくのです。授業中にこちらから当てる場合も、その子の理解度を確認していますので、本人ができているなと思った箇所を当てます。これを繰り返せば、子どもも自然と気持ちが上がっていきます。

このように、**自然体の裏には、教師側の仕掛け**があります。しかし、子どもの立場から見たときには「自分の力でできた」と思わせることがポイント。授業の極意と言えるかもしれません。自然体でない授業というのは、発言しない子を呼んで「どうして発言しないんだ」などと直接的に指導するパターンです。すると、たとえ発言するようになったとしても、「先生に言われたから」という気持ちが残ります。

このようなやり方もあるでしょうが、それではなかなか子どもの自信が芽生えません。直接的な指導をした場合には、後でよほど褒めてあげる必要があります。

子どもを自然体にするために、教師が陰で努力や配慮をするのです。

一方で保護者にはそのからくりを話しておき、**保護者と私が、同じ立場に立って教育に関わっていると演出**します。すると保護者も喜んで報告してくれるようになります。

悪いパターンは、教師が上に立って、子どもと保護者を下におくような指導です。子どもと保護者は同じ立場に立ってしまいますので、子どもが注意されたら保護者も一緒になって気分が沈んでしまいます。なので、あらかじめ保護者には「こういうふうに注意しようと思うのですが大丈夫でしょうか？」と伝えておきます。こうなると親も少し余裕ができますので、いろいろと相談に乗ってくれます。**子どもを成長させるために一緒に頑張ろうという、同志の関係**になれるのです。

教師の教育の意図がわかると、子どもが叱られて帰ってきても「決してうちの子を叱りたくて叱っているわけではなくて、こういう目的があるのか」と理解してくれます。これを伝えておかなければいけません。

授業でも子どもに寄り添うことをスタンダードにする

私は他の学校へ授業に行くことがしばしばあります。いわゆる飛び込み授業です。このときは、その学校の子どもたちが懐いてくれるようになれば授業としては成功だと思っています。

荒れているクラスを担当したときには、算数のねらいを捨て、「どうやって彼らに心を開かせるか」を意識します。というのも、算数は授業のひとつですが、それ以前に子どもたちとのコミュニケーションがねらいでもあるからです。

算数のねらいだけを達成しようと思ったら、なかなか授業になりません。それよりも、今日の問題を使って、いかにこの子たちの心を開かせ、素直に発言してくれるようにもっていけるか、という点にねらいを絞るわけです。

実際、ある公開授業の場で斜に構えて発言しない子どもがいました。そんなときは私は授業の方針を変えて、その子の「わかりません」をベースにして展開するようにしました。最初は彼自身にはまったくやる気がないのですが、そこからターゲットを外さずに、中心に据えて授業を展開していくと、彼も喋らざるを得なくなってきます。

これを続けていくことで、その子は「ちょっとわかった」というような反応を示してくれるようになりました。

算数授業のねらいを完全には達成できないかもしれませんが、**授業のスタンダードを捨て、子どもに寄り添っていくのが私のスタンダード**です。

子どもと真正面で向き合うことができるかどうか、その胆力が教師の資質の一つと考えています。

教師の人間性すべてで勝負していく。これは授業でも、給食でも、掃除でも同じこと。どの場面でも、その先生の見方・考え方が出てきます。それを我々教師は意識しておくことが大切です。

column 02

教え子

『教育研究』二〇一九年三月号

昨年の秋、偶然スイスで授業研究会があったので、スイスに留学している中学二年生のT君と会った。T君は、四年生～六年生まで担任をした教え子である。

T君は、中学一年の途中から自ら希望してスイスに留学した。きっといろいろな思いがあってのことだろう。一人で寮生活をしていると聞いたが、十三歳足らずの年で親元を離れて一人で海外生活というのは、簡単なことではない。T君のお母さんからは、次のようなメッセージをいただいた。

「私には何も言いませんが、息子もスイスに来てまだ一年…沢山の苦労や葛藤もあったようで、その中で彼なりにとても頑張っているようです。このような時期にこのような機会を頂けたのも何か意味があると思っています。是非激励も兼ねて息子に会ってやってください」

ジュネーブから電車で四十分。同僚の先生と一緒にＯｕｒｓ駅の前で待っていると、T君が坂の上から元気に走ってくる姿が見えた。小学校の頃から大柄だったが、さらに背が高くなって、凛々しくなっていた。

T君は学校を案内してくれ、最後に食堂でゆっくり話をした。そのときに聞いたT君の力強い言葉が今でも忘れられない。その感激を彼のお母さんに次のように報告した。

「T君の成長に感動しました。食堂で語る彼の言葉には力があり、今の充実と将来の夢を話してくれました。仲間とコミュニケーションをとることで友情を深め、自主自立自由の精神を養っていること。フットボールをしたり、ジャパニーズナイトで寿司やうどんを他の生徒や先生に振るまったりしたこと。それらは全て生徒主導だそうです。授業も充実していて、英語の抵抗感が無くなったので、理数系は得意、歴史の多角的な見方を教わることが楽しくなったそうです。そして、将来国際的な場で活躍することを夢見ていることも語ってくれました。話が終わって椅子を立ったとき、下に落ちていたごみをさりげなく拾ったこと、先にドアを開け、その手を離さないで、私たちを先に通したこと…。帰りの駅までの道中、すれ違う同じ学校の中国人、イタリア人、ロシア人、スペイン人、みんながT君にフレンドリーに挨拶をしていきました。

T君は、異国の地で素晴らしい時間を過ごしています。本当に会ってよかったです」

Ｏｕｒｓ駅で別れ際にT君と固く握手をした。私は同僚の先生と一緒に帰るが、彼は一人で寮まで歩いて帰る。また一人に――。

寂しいだろうな。そう考えると、胸にぐっとくるものがあった。お母様からの手紙によると、T君を留学先に届けて別れるとき、お父様が涙したそうだ。その気持ちが少しわかる気がした。しかし、彼は私たちを見送る最後まで逞しく振舞った。

帰りの車窓から夕陽に輝くレマン湖を眺めていると、次のようなメールが届いた。「今日はお忙しい中来てくださって、本当にありがとうございました」

自分で決めた道を逞しく進むかつての筑波っ子を、心から応援している。

第3章

問題への対応で信頼関係をつくる

クリスマス会

成長するためには、問題は起きた方がいい

問題が起きたときに、対症療法的に対応するか、その問題に向き合わせるかという課題があります。罰を与えるとか、ルールを決めるといった対処法は、即効性が高いというメリットがあります。

学校のお手洗いをイメージしてください。スリッパの形をしたマークが床に貼ってあるのを見たことがあるでしょうか。スリッパの置き場所をわかりやすく示しています。何も考えなくても、そこに合わせればよいので、習慣化はしやすいですよね。

でも、私のクラスで合宿をしたときは、合宿所のトイレにそのようなマークは書きませんでした。最初は当然バラバラになってしまいますが、それを全員で見に行かせます。そこで「これでいいのか」と考えさせる。問題点に気付かせるわけです。

問題があったときに何も考えずに直させるより、問題のポイントを子どもたちに考えさせる教育の方が、はるかによいと思うのです。

ある学校でも、学校のトイレにスリッパマークをつくったことがありました。しかし、職員会議で議論して、廃止になりました。どんな子どもを育てたいのか、ということを真剣に議論した結果だそうです。

子どもの失敗は起こりやすい。しかし、その失敗を受け入れて考えさせる教育をしていくことに意味があります。

私の学校ではひとつのクラスにいくつかのボールがあるのですが、休み時間が終わっても全部返って来ないことがあります。誰が片付けるかで押し付け合いになり、トラブルのもとになります。

ボールにはクラスの名前が書いてあるので、運動場でほったらかしになっていれば、他の誰かが持ってきてくれます。そんなことがあると、昼休みにボールを使うのを禁止するとかいう話題になるでしょう。これは罰を与える方法です。

私はこのやり方はとらないようにしています。この問題は、子どもたち自身に考える場を与えるいい機会だと思うからです。

子どもたちに考えさせると「ボールを持って行くときに名前のプレートを黒板に貼って、責任者がわかるようにしよう」というアイデアが出てきました。確かによい方法で、こういうルールを決めているクラスもありますが、私はそれでもまだ不十分だと思います。ボールを持って行ったときに自然と「今日は僕が持って行くね」となるような態度を育てること。それが私のクラスの最終目標でした。そのためにいろいろな方法を考えました。

明確な形を決めれば、美しく解決できるかもしれません。しかし、社会に出ればそのようなルールはいつもあるわけではありませんから、自分で「これがよい」と思って行動していくしかない。最終的には自分で考える力をつけるしかないと思うのです。

それを子どもに教えるのは難しいことですが、その分とても価値は高いと思います。

私のクラスでは、一回だけルールをつくってやってみようかということになりました。実践してみるとうまくいったので、しばらく続けました。その後、責任者を決めるルールをやめて自由にやってみることになりました。段階を設けたのです。

どうすればいいかな？
黒板にプレートを貼って責任者がわかるようにします！
なるほど

問題 → 話し合う → 課題を解決 → 褒める → 成長する

段階を設けたことで子どもたちには「意識」ができました。自然に持ち帰ってくるようになりました。この「意識」がとても大事ということをみんなで確認しました。

問題は起こるものです。そして絶えずその問題について考えなければいけません。**問題が起きる↓話し合って課題をつくる↓課題を解決する↓褒める↓成長する。**子どもの成長はこのサイクルの繰り返しです。成長するためには、問題が必要なのです。

たとえば靴箱が汚い。掃除をどうするか、どうやったらいつも靴をきれいに並べられるか……を子どもたちと考えます。

このときは、係をつくるということになりました。靴箱係は、休み時間に靴箱がきれいに保たれているかどうかを見て、きれいでなければその場で直したり、帰りの会で報告したりします。その方法を子どもたちに決めさせました。どうやったらうまくできるかを考えさせて、全員がうまくできるようになれば係は解散です。

学校生活のちょっとした場面から問題を子どもに見つけさせ、その問題を解決していく。生活のすべてが子どもの学びの場だと言えます。

事前に話せば、子どもはわかる

頻繁に注意をする先生は、意外と事前に説明をしていないことが多かったりします。よくないことが起こってから対症療法的に対応しているのです。

坪田先生は、前もって「こういうことが起こったら、私は注意をするよ」「こういうことが起こる可能性があるから、これは止めておこうね」といった説明をしていました。

つまり、**教師が先を見通し、事前に説明しておけば、いろいろなトラブルは防げる**というわけです。実際、話せば子どもたちもわかってくれますし、トラブルも減ります。これはすごく実感していますね。

筑波小では、学校行事として山登りの合宿があります。標高二〇〇〇メートル以上の山を野外専門のコーチと一緒に登るのです。頂上に着く頃には、気温が四、五度は下がります。コーチたちは、毎回温かいお湯が入った水筒、子どもたちの分（三十二人分）が入ったリュックを背負って登ってくれます。そして山頂でココアを溶かして全員にふるまってくれるのです。

ある年の合宿、せっかくコーチがココアを入れてくれたのに、子どもたちがお礼を言わなかったことがありました。コーチは何も言いませんでしたが、私たち教師陣が叱りました。「お礼も言わずにいただくなんて、重い荷物を運んだコーチの気持ちや苦労が全然わかってない」。子どもたちはうつむいて反省しきり。重苦しい空気が流れていました。

それから数年後の合宿。私はこのときのエピソードを、事前に子どもたちに伝えておきました。「こういう場面は、合宿のなかでたくさん出会うだろうけど、どうしたらいいかな？」と。「感謝」という気持ちがなければ、山の上では生活できないんだということを、前もって話しておいたのです。

合宿当日。コーチたちはやはり温かい飲み物を用意してくれました。そしてそれをふるまった瞬間、子どもたちが口々に感謝の言葉を述べました。

その場で私は何も言っていません。**事前の説明から子どもたち自身が察して、行動に移**

したのです。子どもたちはもちろん、コーチもニコニコしているし、それだけで山頂での雰囲気がぐっとよくなりました。

これが「教師が前もって予見し、事前に伝えておく」ということです。これは課外活動だけでなく、普段の日常生活でも同じです。

逆に自分が子どもを叱っているときには、ふとこのことを思い出します。「あれ？　これって事前に説明していたっけ？」「ダメだ。言っていないな」と。

運動会のリレーの朝練。私は七時四十分にグラウンド集合と子どもたちに伝えています。ある日、集合したときに子どもたちがバトンを持って来ていなかったので、私は注意しました。でも、私はそれを事前に伝えていませんでした。

みんなで手づくりのマイバトンを用意して、感触を確かめて練習しようと言っていたから、持って来ると思っていました。でも、朝練に持ってくるように、とまでは言っていなかったのです。

ほとんどの子どもは持ってきていたので、私も普通に注意をしていたのですが、そうした小さいことを事前に言っておらず、後で大いに反省しました。

また、集合時間に遅れてきた子には厳しめに指導をします。でも、その全員集合の価値を、きちんと子どもに伝えていませんでした。だから、子どもたちからしたら「なぜ、先生は急に怒るのだろう」と思っていたことでしょう。

トラブルにはそれぞれ理由がありますが、多くは説明不足によるものです。だから子どもたちが時間を守らなかったり、持ち物を忘れたりしても、すべて自分のせいだって思えるんですね。

「ああ、先生が言ってなかったね、ごめんね」という言葉が自然に出てくる。

いつもこういう考え方をしていると、カリカリしなくなってきます。叱ったり、注意したりすることが随分と減ります。自分のせいだと思えるからです。

トラブルが起きるときは、子どもがダメだからではありません。子どもは素直に生きているだけ。原因はいつも教師側の対応にあります。

いちいち注意せずに「流す」

個性に対応する方法のひとつとして「流す」というものがあります。

私のクラスでは暴言を禁止にしています。これをみんなのルールにするためにも、授業で取り上げ、みんなで話し合い、私も心を込めて説いて定着させていきます。

とはいえ、これで暴言が出なくなるわけではありません。

たとえば、運動会。全力を出して気持ちが昂ぶったり、疲れたりすると、ふと暴言が飛んでくる場面があります。通常であれば、そこで注意するのでしょうが、**あえて目を瞑り、わかった上で流します。**

若い頃は、その都度注意していました。暴言に限らず、遅刻をしたとか、ノートをとっていなかったとか、良くないこと全部を、毎回注意の対象にしてしまう。するとクラスの空気がどんどん悪くなるんですね。

もちろん、子どもたちが実際に怠けていたとすれば、黙って見過ごすことはできないかもしれません。その気持ちはよくわかります。しかし、悪い点を指摘して雰囲気をさらに悪くするよりは、むしろ流して、**違う方へ目を向けさせ、気持ちを切り換えてあげた方が、効果的なことも多い**のです。

早くその場を切り換えて、次の動きに持っていってあげると、子どもたちは時間を守ったり、ノートを書いたりするようになります。そしてその課題をクリアしたときに「よく時間を守ったね」「いい字だね」といったように褒めてあげます。

「どうしてノートをとらないんだ」と言っても、ノートをとる気にはならないですよね。同じように、悪いことを見つけたときにすべて拾って注意するのではなく、あえて流して、次の展開に仕向けた方が、最終的には改善に結びつくことの方が多いのではないでしょうか。

これが「個」に対応するときのひとつの方法として、私がこの歳になって身につけたコツ。若い頃はこれができませんでした。

その場ですべて注意しても、子どもたちは聞かないし、そこで「はい！」と言ってすぐ

やったー!!
クソッ！

変えられるような子どもなら、はじめからそんなことしないですしね。

先日、音楽の先生と一緒に老人ホームへ合唱を披露しに行きました。子どもたちはそこで、よくないことも言っていたのですが、音楽の先生はそれをひとつひとつ取り上げることはしませんでした。

スッと流しながら全体のことを説明していく。そしてどうしても気になったことだけ、最後に指摘する。うまいやり方だと思いました。悪い点を見つけたときに毎度怒って注意するのではなく、全体を流す、ということが大事です。

良い所がいっぱいあるのに、そこには触れずに悪い所ばかりを探そうとする。すると子どもたちは離れていってしまいます。

同じ状況でも、かける言葉の違いでクラスの雰囲気はガラッと変わるのです。

自分の想いを子どもの目線になって伝える

自分が思っていることを、きちんと子どもたちに伝えるのはなかなか難しい。子どもたちを落ち着かせて、語る機会をもつこと自体、勇気がいるものです。

しかし、こういった場をもつことは、クラスをまとめるためには欠かせません。それに、**子どもたちを、クラスを、よくしたいという想いから出る言葉であれば、彼らはきちんと聞いてくれます**。

もちろん語り方も大事です。どなってはいけませんし、変によそよそしい態度もよくありません。理詰めだけで話すのもだめです。冷静に説明するように、心の底から「よくしたいんだ」という気持ちを語ります。

話の長さや切り出すタイミングも重要。子どもは長い話は嫌いですし、あまり頻繁に行うとしつこいと思われます。

私の学校では、きょうだい遠足という行事があります。一年生と六年生、二年生と四年生、三年生と五年生がペアを組んで遠足に出かける行事です。私のクラスは五年生ですが、三年生と五年生の場合、三年生が遠足の企画・運営をすることになっています。二年生と四年生のペアのときには、四年生がリードしたので、次はお返しとして下級生ではありますが、三年生がリードする仕組みになっています。三年生が行き先を決めたり、しおりをつくったり、といった準備をしてくれるのです。

しかし、私のクラスからは、三年生に対する感謝の声が聞こえず、ただ自分たちが楽しめればいいんだ、という雰囲気がありました。

私が音頭をとって、みんなでお礼を言おうという場をつくれば、もちろん口々にお礼を言います。でもその前に、自分から感謝の言葉が出てくる子が、どれくらいいるかと思って見ていたらほとんどいませんでした。

三年生側は、保護者も協力してくれて、仕事を休んでまでしてこの行事に協力してくれているのに、そこまで気が回らないわけです。

そこで私はきょうだい遠足の翌日、昼休みにみんなへ伝えたいことがあるんだと、切り出しました。子どもたちは当然「えー」となります。休み時間がつぶれるわけですから。しかし、子どもたちがやりたいことをやる時間をつぶしてでも、聞いてほしいことがあると、冷静に語ります。

きょうだい遠足は、ある意味ではいい面もいっぱいありました。しかし、教師から見ると足りない部分もたくさんありました。それを考えさせることからスタートします。子どもたちに考えさせてみると、「三年生への配慮が足りなかったかもしれない」とか、「自分たち本位だったかもしれない」とか、思い当たるところがいろいろ出てきます。

そこで、四年生のときに確認したことをもう一回確認してみよう、と伝えるわけです。仲間を大事にしようとか、相手に感謝をしようとか、学級のはじめに大切にしようとしたことが守られているだろうか。三年生に対して感謝が足りていたかどうか、言葉の使い方が悪くはなかっただろうか。

教室がシーンとなりました。

「『うざい』とか『きもい』という言葉が聞こえたよ。そういう言葉を使っていいいんだっけ？」と問いかけました。

「だから最初に決めた言葉の約束からやり直そう。そうしないといい仲間になれないから」

この話をしたら、次の休み時間になって子どもたちは、自ら動いて手紙を書き始めました。三年生に心を込めたお礼の手紙を。

このような話をするときには、個人名を出さないように気をつけます。話をしているうちに明らかに自分のことだとわかって顔色が変わる子もいますが。また、前置きとして、これから言うことはクラスの全員に当てはまることではないけれど、クラス全体のことだからみんなに聞いてほしいということも伝えます。

きつく叱るわけではなく、子どもたちに気を遣いながら、言葉を尽くして語ってあげると、五年生にもなればちゃんと思いは伝わります。

こういうことって、意外と難しいのではないでしょうか。

少し力加減を間違えるとお説教になってしまいます。**先生は子どもたちとともに歩いていて、子どもたちと一緒によいクラスになりたいんだ、という目線に立っていなければいけません。**

言葉の端々に「上から目線」がのぞくと、子どもたちには伝わってしまいます。だから先生にも責任がある、という気持ちをもって伝えるのです。

こういった語り口は訓練で身につけるものではありません。私も、先輩方の語りを必死になって聞いているうちに自然と意識するようになりました。

子どもの見方が問われている

きょうだい遠足で、下級生の女の子をたたいて泣かせた男の子がいました。

女の子の方もふざけ過ぎたところがあったようですが、やはり暴力は許されるべきではないのでその場で叱りました。保護者もいる遠足で発生したこともあって、必要なときには叱ります。しかし、**その場で叱って終わりではありません**。翌朝、その男の子を呼んで話を聞きました。

「叱った」という事象の中には必ず前後の文脈があり、彼らの思いが隠れています。まずはそれを冷静になって全部聞かなければいけません。感情に任せてがつんと叱ることは簡単ですが、教育というのはそれだけでは足りないのです。

子どもの話を聞いてみると、わかってくることがたくさんあります。

そもそもの発端は、女の子たちのグループが楽しみながら、紅葉したきれいな落ち葉をかけ合っていたことからでした。その中の一人が、男の子にもかけてあげようと発展。男の子も最初は楽しんでかけ合っていましたが、段々エスカレートしていって歯止めがきかなくなり、最終的には男の子が怒って下級生の女の子をたたいてしまったということでした。

私は彼の話を冷静にすべて聞いた後、どう思っているのかと尋ねると、「ああいうふうにからかわれたのは嫌だった。口で言えばよかったけど、つい手が出てしまった」と自分から反省を口にしてくれました。その子には、「よく自分で反省できているね」と伝えました。

込みいった事情や文脈を、**丁寧に聞いていけば、子どもは自分から反省し、非を認めます。その反省の言葉を、私は褒めてあげることができます。**

そういう事件があったことはみんな知っています。

そこで、同じ日の給食の時間、次のことを伝えました。

実は遠足の朝、三年生の男の子が、色帽子を忘れたと言いにきたのですが、そのときA君が、教室に取りに行くのに、ついて行っていいかと名乗り出ました。集合場所は学校から少し離れた場所でしたので、私がA君に頼むと、二人は寄り添って教室まで取りに行きました。戻ってくると、三年生のその子の帽子のほかに、もうひとつ帽子を持っていました。五年生の女の子の席に置いてあった帽子でした。つまり、A君は一人忘れていた子がいたから、他にも忘れている子がいるのではないかと気を回し、自分の教室の確認までして、忘れられていた帽子を持ってきてくれたわけです。

そのうちに、帽子を忘れた女の子が受け取りに来ました。A君が持ってきてくれたことに、女の子は感謝の気持ちでいっぱいになりました。

私は、このすばらしい行動を全員に紹介しました。A君とは、下級生の女の子をたたいてしまった、あの男の子のことです。

男の子はみんなの前でも注意されるのかと思って心配していたようです。しかし、このエピソードをみんなの前で紹介することにより、私との信頼関係は強くなりました。

先生はそこを見てくれていて、みんなの前で取り上げてくれるんだ、と。

叱らなければいけない場面もあります。しかし、このタイミングで逆によいエピソードを紹介することで、その男の子への教師の想いを伝えることができます。教師は子どものどこを見るべきか。目的は、子どもを成長させることですから、教師のものの見方が常に問われているのだと思います。

このように、**落ち込んでいる子がいたら、そういう子どもを持ち上げたり、穴を埋めたりする。**そうすることで、その子はもちろん、学級全体もよくなっていきます。

子どものよいところを探して心に留めておくことが大切です。

「隙間」をつくらない

私は、クラスとして子どもたちの関心が、どんなことに向かっているかを、常に意識するようにしています。**何かに夢中になっていない時期があると、そこでトラブルが発生しやすい**からです。

極端に言えば、けんかやいじめといったトラブルが起きやすいのは「平凡な日々」が続いたときです。

それが「隙間」です。

たとえば運動会では、子どもたちや保護者が一体となって同じ方向に向かっているので、トラブルが起きません。山登りの合宿でもそうです。

そうでないとき、イベントが終わった直後の「隙間」にトラブルは起きやすくなります。だから「隙間」をつくらないように気を配ります。これは学校行事でなくても構いません。クラスの中のイベントでもいいですし、もっと言えば、特別な行事でなくても、「算数」のような授業の中でも大丈夫です。

ある問題集を「この日までに全部やり遂げよう」と全体の目標を決めます。そしてそれを常にクラスの話題にします。一冊をやり遂げるために、一日一ページでも続ける、というのは大変なことです。**毎日何かに向かうことを意識させる**のがポイントです。

私の学校では、文化祭があります。だからその日までは、みんながそれを楽しみにしていました。文化祭が終われば、次は「きょうだい遠足」というイベントがあります。子どもたちはそれも楽しみにしているので、そこに気持ちが向かいます。

しかし、きょうだい遠足が終わった後は、しばらくイベントがありませんので、隙間になってしまいます。十一月から冬休みまでの期間。その隙間をどのように埋めるかを考えなくてはなりません。

私は、十二月にクリスマスパーティーをしようと考えました。そこで「十二月に何かクラスでイベントをやらない？」と持ちかけて、子ども発の企画として行いました。

サプライズで、保護者から手紙を集めて、プレゼントとして子どもたちに渡すことにしました。いまのクラスは五年生。後期（筑波小は二期制）の後半ですから、これからテストもたくさんあります。子どもにとっても保護者にとってもしんどい時期が来ます。そこで、子ども宛てにいま伝えたいことを手紙に綴ってもらいました。

私も手紙を用意しました。子どもたち三十二人、全員分です。大変ですが、一人ひとりにメッセージを伝えることに価値があります。

パーティで盛り上がった後に、保護者からの手紙と、私からの手紙を渡す。そうやって、**私や保護者の気持ちを形にして伝えることで、クラスの温かさや優しさが出てくる**と思います。

隙間をつくらないこと。子どもたちを常に何かへ向かわせることが、クラスの結束を高めるためにも、トラブルを起こさないためにも必要です。

プレゼント交換！
クリスマスパーティーは
何をしようか？

子どもとの信頼を強める褒め方

私のクラスには「誕生日係」というものがあります。誕生日の子に向けて、クラス全員に手紙を書いてもらい、それを集め、誕生日会を開いて、手紙を渡したり、歌を歌ったりする係です。

ところがひとつ問題がありました。手紙がなかなか集まらないのです。さてどうしようかなと思っていると、新しく係になった子がすごい活躍を見せてくれました。

まず、クラス全員の名前を自分で打ち込んで名簿をつくり、それを全員に配りました。その名簿を使って手紙をあげた人・もらった人をチェックするように説明をし、次は全員の誕生日を聞いてまわり、それをまた打ち込んで表にしてくれました。さらには手紙を入れる封筒も用意してくれました。その子はそれを自分の考えで、保護者の助力もなしにこなしてくれました。

これは褒めるべき、称賛に値する行動です。しかし、みんなの前で褒めすぎてもいけないので、さりげなく褒めることにしました。

私はクラスに問いかけました。

「どうしてここまでやってくれたんだろう？」と。

自分のためではありません。彼女は誕生日会をスムーズに進めたいためにやってくれたのです。

その子に限ったことではありませんが、いまの子どもたちはみんな忙しい。にもかかわらず、その合間を縫って用意をしてくれたわけです。どうしてこんなことができるんだろうとみんなで考えました。

すると、このクラスが好きだからとか、みんなで誕生日を祝いたいからとか、いろいろな意見が出てきました。

そこで私も、褒めると言うよりは、これは本来、先生がやらなければいけなかったことだった。それを先生も忙しくてできなかったのを、代わりにやってくれた。**先生は感謝している**、と伝えました。

「みんなで褒めてあげよう」ではなく、「先生は感謝している」と表明したわけです。「すごいと思っている」ということだけを伝えたのです。子どもたちには「感謝しよう」ということまで強制はしませんでした。しかし、自然に拍手が湧き起こりました。

こういうようなことは自分がやりたいときに、自分で考えてどんどんやっていいんだ、そのよい例だということも伝えました。

自分の頭で考え、正しいと思ったことを実行するということは、どんどんやっていこうじゃないかということでまとまりました。

叱るときも気を遣いますが、褒めるときも考えなくてはいけません。

まずはさりげなく。**直接的に「すばらしい」とか大げさに言ってはいけません。特に高学年の場合は褒められた子がいじめの対象になりかねないからです。**

最後に、他の子どもたちが帰った後もその子が一人残っているので、「先生はすごく尊敬しているよ！」とめちゃくちゃに褒めました。

みんなの前ではさりげなく褒める

一対一のときはしっかり褒める

すると彼女は目をキラキラさせて喜びました。「みんなの前で褒めすぎると、他の子にいろいろ言われちゃうから、みんなの前ではこれ以上褒めないからね」と付け加えて。

これは一対一でなければできない褒め方です。

褒めるとき・叱るときは、いつもその子のために、またはまわりの子のためになっているだろうか、ということを考えています。褒めることで、この子は本当に救われるのだろうかと。

シチュエーションも大事です。**褒めるときも叱るときも、みんなの前なのか、それとも一対一なのか、その子の性格やクラスの中での立場を見て決めている**ので、一様な褒め方・叱り方というのは、実はありません。

子どものことを考えて、そのときそのときの褒め方・叱り方を考えることが大切です。

問題行動に向き合うためには、広く情報を集める

若い先生は、子どもが問題行動を起こしたときに、どう対応するべきかで悩むことも多いでしょう。

ある日、「○○ちゃんが私の悪口を言っていた」と相談しに来た子どもがいました。そこでどう対応するか。

まず大切なのは、子どもの**このような訴えをありがたいと思うこと**です。言ってくれるということは、先生を頼りにしてくれているということだからです。そして、必ず対応して解決してあげるという気持ちをもつことも必要です。子どものことだからと軽く考えてはいけません。その上で、**聞き役としてしっかりその子の話を聞きます**。

聞いた後は、すぐに問題の子どもに注意することはしません。「わかった。じゃあ、先生、

ちょっと見ていてもいい？　それで、もう一回同じことがあったら先生に言いにきて」と言って、観察の時間をつくります。

その間で子どもたちを観察しているうちに、似たようなことを自分が目撃すればいちばんよいでしょう。そうすれば、問題の子を呼んで、「いま、先生こういうところを見たんだけど」と注意することができます。

「××ちゃんから聞いたんだけど」という言い方をすると、問題を起こした子どもにも言い分がありますから、反発されることがほとんどです。訴えがあったときには、見守りつつ、しばらく観察することが大切です。他の子どもに協力を求めることもあります。「こういうことがあると聞いたけど、君も見ていて」という方法です。

とにかく、問題があったときには、**子どもたちの情報をたくさん得るようにします**。一人の情報だけを鵜呑みにしてしまうと、さらなるトラブルのもとになります。子どもは自分視点の意見だけを言ってしまいがちですから。自分の目や他の子どもの意見、ときには保護者に聞いてみることも必要です。そうすることで、問題解決の糸口が見えてきます。

情報が集まったら当事者を呼びます。**高学年の問題の解決に、最初から全体で話をするというのは避けるべき**です。みんなの前で問題にされることほど、子どもたちが嫌がることはありません。それをしてしまうと「先生に言ったら、みんなの前でさらされちゃうから」と思われ、教師のところに情報が来なくなってしまいます。これがいちばん危険です。当事者をそっと呼び出し、話し合いをします。いちばんいいパターンは、話し合いの中で、それぞれが自分から謝ることです。ただし、「先生はこれで終わったと思っていないよ。一週間は見ているから、似たようなことがあったら先生にすぐ教えて。すぐに直るようなものじゃないから、粘り強くやっていこうね」と伝えます。

こじれた関係をすぐに修復するのは難しいことですが、教師が見ていることは伝わるので、子どもは意識して変えようとしてくれます。

同じように、問題行動をした子どもへの対応の仕方として、少年院に関係するある方から教わったことがあります。**まずは「わかる」と言って共感を示す**、ということです。まったく認められない、たとえば万引きのような犯罪であっても、まずは理解を示してあげることが大事です。

「その気持ちわかるよ、でも法律ではね…」と言って最終的に諭すことにはなるのですが、最初の「わかる」という言葉がないと、子どもはその話を聞いてくれないのです。

「いじめ」とは何かを教える

私は高学年の子どもたちに**「いじめとはどんなことか」を必ず伝えます**。中学、高校、大学、大人の世界でも問題になるのだから、知識として知っておいてほしいと。

もちろん、何事もないときに、です。いじめが起きている最中にこれを伝えるのは難しいですから。

私たち教師も、学校カウンセリングの先生から研修を受けました。

昭和六十一年でのいじめの定義は「自分より弱い者に対して一方的に、身体的・心理的な攻撃を継続的に加え、相手が深刻な苦痛を感じているものであって、学校としてその事実を確認しているもの。なお、起こった場所は、学校の内外を問わない」となっています。

それが平成十八年になると大きく変わり「当該児童生徒が、一定の人間関係のある者から心理的・物理的な攻撃を受けたことにより、精神的な苦痛を感じているもの」という、とてもシンプルな定義になりました。

「一方的」「継続的」「深刻な」という文言が削られたわけです。つまり、**一過性であっても簡単にいじめは起こる**、ということが認識されました。

また「いじめられた児童生徒の立場に立って」という言葉が入りました。学校が「認める・認めない」はもはや問題ではなく、**受けた者がそれを苦痛だと感じたら、それはもういじめなんです**ね。

子どものよくある言い訳に「僕はそんなつもりはなかった。相手が勝手に傷ついているんだ」というものがありますが、それはもう通りません。あなたにそんなつもりがなくても、相手が傷ついたらそれはいじめなんだよ、と子どもに伝えてあげる必要があります。

このことに関して、道徳の時間を使って授業をしますが、子どもの方からも「この場合もいじめ？」などと、質問が飛んできます。私はそういった質問を受けるたびに、「みんなはどう思う？」と問い返し、考えさせていきます。

「継続的でなくても、一回だけでもいじめになるんだ」とか「直接の加害者じゃなくても、それをまわりで見ているだけでも、いじめの加害者に入っているんだ」といった授業です。

具体的な事例も出します。なかには、とてもいじめと思えないような些細なことでもいじめと定義されることがあります。ニュースに出てくるような特別なことではなく、**日常的に、身のまわりに起こること**なんだと伝えるのです。

それを伝えることだけでも、子どもたちの認識は変わります。「いじめはやっちゃいけない」と言葉でわかっていても、どのようなことがいじめに当たるのかがわからない子どもが多いんですね。普段の生活でも、ときどきですが、「いま起こっていることはいじめに当たるんだよ」と伝えることもあります。そうすると子どもの顔色が変わります。

子どもたちは「いじめはいけないこと」と親からも相当言われています。でも、自覚がないので「まさか自分が」と思っているのです。

このような授業を四月や五月といった、クラス形成の初期に行うと効果的です。

同時に、先生は「いじめ」という言葉をあまり使いたくないことも伝えます。「だからみんなも普段から口にしなくていい、でも、どういったものがいじめになるのかは心の中でわかっておいてほしい」

いじめは日常的に起こっています。**いじめのない学校は、まずゼロです。ありえないと思います**。子どもの世界では必ず起こることですが、意識してそれを防いだり、気付いた時点で注意したりすることが大切なのです。

いじめが問題になるのは、大抵の場合、すごく進行した後のことです。子どもから訴えがあって、親に謝罪をしなければいけなくなったような段階です。そうなる前、**芽の段階で摘み取っておかないと、問題はあっという間に大きくなってしまいます**。

だからいじめに対する抑止力を、子どもたちに付けておく必要があります。先ほどの定義によれば「学校の内外を問わない」ので、登下校のときにいじめが起きるかもしれません。そこで教師が防ぐことは不可能です。子ども同士で注意できる環境をつくっておかなければいけないのです。

子どもと教師が、普段からなんでも言える関係になっておくことも重要です。そうしないと情報がすぐに上がって来ません。情報さえスムーズにくれば、早めに対応することができます。

怖くて相談しづらい先生のところには、問題が大きくなってどうしようもなくなってからしか情報が来ません。そうすると、親に謝罪するとか、クラス替えをするとか、対症療法的な対応しかできない状態になってしまいます。

最悪の場合は学校を変えるしかなくなる。そうなってしまってからでは遅いのです。

子どもからのクレームに誠実に対応する

いじめはどの学校でも起こりうることだと思います。

前述しましたが、いじめはそれが大きくなってしまってからではもう遅い。大切なのは、**問題の芽が出てきたときに、きちんと対処できるかどうか**です。

普段からクラスをよく見ていれば、子どもたちの日常生活の心の動きを見ていれば、SOSはいくつも出てくるはずです。それをいかに早くキャッチして対応できるか。

常に必要なのは、アンテナと配慮です。

子どもの言葉は、大人の言葉と同じくらいの重さだと思って捉えないといけません。子どもだからといって軽く考えていると、取り返しのつかないトラブルになります。

子どもは最初から教師に文句を言ってくるわけではありません。はじめのうちは保護者に相談して、「それは先生に相談しなさい」などのプロセスを経て届いてくる言葉なのです。子どもの言葉は、その保護者の言葉と同等のものです。

もし教師へのクレームが上がってきたら、**まず反省し、次から改めることが基本です。**自分を修正する力が必要なのです。「この子や保護者が変わっている人だから」などと、相手のせいにしてしまいがちですが、それを受け入れて修正しなければ自身の成長もクラスの良好な状態の保持もできません。

自分から改めることを続けていれば、やがて子ども側の対応も変わってきます。そして、子どもと良好な関係をつくることを通して、保護者との信頼関係も生まれてきます。

これは数ヶ月単位の長い道のりですが、ひとつひとつ心がけていくしかないですね。

たとえ自分の意見や思いと異なることがあっても、子どもの言葉に合わせるようにします。子どもを傷つけるような言葉を投げかけないように自分を律すること。それは、教師として、人間としての修養であると思います。

column 03

たくましき助っ人

『教育研究』二〇一四年一一月号

故郷鳥取の、ある小学校の教員研修会に参加した。校長室から運動場がよく見えた。運動場を囲むように青々とした樹木が生い茂っていた。休み時間に子どもがその森の中に入っていく様子が見えた。校長先生が、「あの森では、クワガタやカブトムシが捕れるんですよ」と話してくれた。

私は少年時代、虫捕りが大好きだった。夏休みになると毎朝五時には起きてクワガタやカブトムシを捕りに行った。校長先生の話を聞いて、その血が騒いだ。

お昼休みに校長先生の長靴を借りて森に入った。四つん這いになりながら赤土の斜面を登ると、開けた場所があった。そこは、クヌギで囲まれていた。この豊かなクヌギたちが虫を集めているのだ、と納得した。

子どもがぶら下がって遊べるように二本のクヌギにロープが渡されていた。その結び目から樹液が染み出ており、そこには、エメラルド色に光る玉虫や、見事な触角をもつ大型のカミキリムシ、コガネムシ、スズメバチなどが群がっていた。久しぶりに見る光景に高揚した。

しかし、肝心な獲物は見当たらなかった。しばらく周辺を探索したが、見つからない。

もう諦めて戻ろうとしたとき、四人の子ど

もが現れた。その学校の五年生だった。校長先生に虫取りの手伝いをするように言われて来たのだ。真っ黒に日焼けした顔が頼もしかった。四人は、「先生、こっちだよ」と言って、私を先導した。獲物がいる樹を心得ているようだった。

あるクヌギの根元に行くと、「行くぞ」と他の仲間に声を掛けた。その瞬間、残りの三人はじっと耳を澄まし、樹の根元部分の草むらを見つめた。緊張感が伝わってきた。このとき、蹴った振動で落ちてくる獲物を狙う作戦であると理解した。蹴る前には、「先生、低くしといて。スズメバチが来るかもしれんけえ」と警告した。心臓が高鳴った。

「ドン、ドン、ドン」

連続して三発の蹴りをクヌギに食らわした。樹に背を向けて蹴る独特な蹴り方だった。蹴った直後にバサバサ、と音がし、その瞬間、「クワだ！　カブメスもおるぞ！」と言って一斉に三人が草むらに分け入った。そして、見事なノコギリクワガタのオスを一匹とメスを四匹、カブトムシのメスを一匹捕った。私には、どこに何が落ちてきたのか、全く見えなかった。

今度は、私が蹴ってみた。樹はびくともしない。それでもパサパサ、と音がしたので、来た！と思ったが、子どもは動かない。

「これは木の実の音だけん」とあっさり言われた。

「おーい、先生ー、午後の授業が始まりますよ」

校長先生の呼ぶ声で我に返り、森を後にした。手には、プレゼントされた獲物を持って。

校舎に入るときに振り向くと、とびきりの笑顔で手を振る四人がいた。たくましき助っ人たちに感動した。

第4章

保護者と一緒に子どもを育てる

保護者を巻き込んだ教育で効果は倍増する

クラスがひとつになるために、欠かせないこと。

それは、保護者との関係です。

保護者を教師との対立関係のように見る方がいらっしゃいますが、それは違います。教師にとって、保護者は教育の味方。**子どもたちを成長させるための最高のパートナー**です。

子どもたちにトラブルがあれば、保護者から情報を得ればいいのです。

保護者だって子どもを成長させるための相談ならば乗ってくれます。だって我が子のことですから。むしろ「この先生は、一生懸命自分の子どものことを考えてくれているんだ」と思ってくれるに違いありません。

保護者を味方につければ、教育の効果は倍増です。

私は保護者にその日の出来事を報告して「こんな言葉をかけてあげてもらえませんか」とお願いすることがよくあります。そして「私から頼まれたことは内緒ですよ」と付け加えます。すると、教師が上から目線で命令するのではなく、同じ目線で一緒に教育しているという感覚が生まれます。

運動会の朝練の集合時間に毎回遅れてくる子どもがいました。運動はできる子なのですが、自分が騎馬戦の上に乗れなかったことで、納得いかなかったものがあったのでしょう。いよいよ運動会本番が近づき、運動会の前々日の練習が明日となったときのことです。この日だけはどうしても全員きちんと揃った状態で練習をスタートさせたいと思いました。私はその子の保護者に電話をして、「明日だけは全員揃いたいと思っています。練習開始時間に必ず間に合うように、ただし、私から電話があったことは言わず、何気なく送り出してあげてください」とお願いしました。

その子は朝練の時間に起きられないわけではなかったようで、いままで集合時間に間に合っていないことは保護者の方もご存じではなかったようです。

次の日、私は七時二〇分にはグラウンドでラインをひいて待っていました。子どもたちが学校に入れるのは七時三〇分からです。

するとその子は真っ先にやってきました。そして、私に走って飛びついてきました。二人で自分のクラスの練習エリアに移動してから、「よく来たなあ、どうしたんだ？」と聞くと、「だって明日は予行じゃん。今日は来なきゃだめだよ」と自分の力で来たかのように、一人前のことを言うわけです。もちろん私は知らぬ振りで「いちばん大事な日だったから、今日来てくれたのは最高だよ」と褒めてあげました。

次第に他の子どもたちもやってきて、いつも遅れてくるその子が早く来ていることに驚きます。「今日は全員揃ったから、クラスみんなで団結できるな」と私が言うと、他の子どもたちもその子が来てくれたことが嬉しかったのでしょう、クラス全体のテンションがすごく上がっていました。

遅れてくる子がいると、やはりクラスの雰囲気が少し悪くなってしまいます。それがないだけで、みんながよい雰囲気で練習をスタートすることができました。その子はとても運動ができる子で、存在感が大きかったというのもあります。

その後すぐ保護者に「おかげさまで、練習に間に合い、みんなの気持ちも盛り上がりました」という連絡をしました。保護者の方も喜んでくれました。

明日はお願いします！
わかりました！

おっ！ ○○が来てる！
わあ！
すごいね！
当たり前じゃん

そのように保護者を巻き込んで教育をした方が、間違いなく成果が上がります。

その他にもたとえば、「学校でこんな注意をしたので、それとなくお家で聞いてあげてください」と伝えることもあります。

先生の存在感をあまり前面に押し出さないようにするのがコツです。保護者が子どもと一体になり過ぎないように語りかけます。子どもが悲しんでいるときに一緒になって悲しむのではなく、ある程度客観的に見守ることをお願いし、さらに問題があれば報告してくれるように、協力体制を築くのです。

保護者と子どもと教師、全員で一体になるイベントをつくる

電話などで保護者を個別に巻き込むだけではなく、保護者と教師と子どもたちと、クラスで一体になるような行事をつくることも必要です。

私のクラスでは「親子スポーツ大会」を実施しました。スポーツと同時に劇の披露と、子どもたち全員のスピーチもしました。

このときのポイントは、**全員のお母さんだけでなく、可能な限りお父さんにも来てもらうこと。**

そうすることで、誰よりも子どもが喜んでくれます。お父さん、お母さんが一緒に学校に来て、同じグラウンドを走ってくれたり、劇を見て泣いてくれたり、自分のスピーチを聞いてくれたりするのです。そこには緊張と同時に大きな喜びが生まれます。

最後は全員、講堂でご飯を食べました。兄弟やおじいさん、おばあさんが来ているご家庭もありました。そういう雰囲気をつくる場というのは、実はなかなかありません。

しかし、こういうイベントや空気感は子どもたちにとっては嬉しいもの。日記に「また来週やりたい」なんて書くほどです。

とはいえ、毎週というのはさすがに難しい……。なぜなら、この企画を成功させるために、半年前から準備が必要だったからです。**保護者の方全員に来てもらうのがこの企画の肝なので、一家族でも来なかったら成功しません**。半年前から保護者の方にスケジュールを聞き、全員が出席できる日を決め、それから走り出しているのです。

そうすると保護者が全面的な協力者になってくれます。普段なかなかお会いできないお父さんとも会えますし、保護者同士が交流できるのも大きなポイントです。これを年一回、できれば二回やるとクラスの雰囲気が大きく変わります。

もちろん、リスクもあります。

自分の日頃の教育があらわになることです。

たとえば、劇がうまくいかなかったら、スピーチがボロボロだったら、けんかが始まってしまったら……。すべて保護者をがっかりさせてしまいます。

そうならないようにするためには、全員の親の視点で、チェックする必要があります。保護者は自分の子どもを見ているのですから。

劇の出番が少ない子には、スポーツ大会で最初の挨拶をしてもらったり、全体の締めの言葉を言ってもらったり……というように役を割り振って、全体でバランスをとらなければいけません。

必ず、全員がどこかで活躍できるシーンをつくってあげるのです。それができなければ、かえって保護者にマイナスの印象を与えることになってしまいます。

農場にサツマイモやジャガイモを掘りに行く行事があり、そこには何人か保護者がお手伝いに来てくれます。そのときに私は流しソーメンやかき氷のようなイベントをやります。かき氷機を借りて、のれんを出し、いろいろな味のシロップをそろえ、みんなでかき氷屋さんごっこをするわけです。

カップはクラスの人数の二、三倍は用意しておき、他のクラスにも振る舞います。親も子どもも巻き込んだお祭りです。

「芋掘りなんだから芋さえ掘ればいい」という考えもあります。しかし、一日きちんと時間をとって、農場を使ったイベントをやれば、**労力はかかりますが、その二倍、三倍の成果があらわれます**。

こんなことをするのも、卒業式のような最終ゴールを見据えて逆算した結果です。このような手間をかけないと、最後に「この学級で過ごせてよかった」と思える卒業式にはなりません。日々、行事のひとつひとつ、手抜きをしないことです。

ＰＴＡの仕事は大変ですが、子どもと直接かかわる仕事、触れ合えるイベントは積極的に来てくださる方が多いですね。

それがわかっていれば保護者にも喜んでもらうことができます。

卒業間近の三月には「餅つき」のお別れのイベントがあります。通常は保護者と子どもたちが、先生にお餅や花束を贈呈して、感謝をするイベントなのですが、私はそれだけで終わらせないで「**こちらから仕掛けよう**」と思いました。

図工の先生に協力していただき、親への感謝を示す秘密の企画を用意。子どもたちと粘土で焼き物をつくり、プレゼントすることにしたのです。コップや灰皿など、思い思いのものを全員がつくり、メッセージを添えて箱に入れ、保護者に感謝の形として渡しました。

準備には二ヶ月以上かかりました。

当日、一人ひとりが保護者への手紙を読んで、手渡ししました。手渡しした際にはハグをするということまで決めました。全員がハグしようなんて言うと、男の子は最初嫌がります。でも、実際にその場になると男の子の方が号泣していました。子どもたちがみんな素敵なメッセージを言うので、皆さん、涙していました。

これが保護者を巻き込むということです。巻き込んだからには、最後に感謝を示します。教師がこういう価値観をもっている人なんだと思ってもらうことが重要です。

最近の保護者との関係づくりは、「文句を言われないように」といったネガティブな方向ばかりに動いている気がします。「保護者対応」という言葉に象徴されますが、マニュアルがあって、いかにして保護者を怒らせないようにするかといった、対症療法的な対応をよく耳にします。

しかし、よりよい学級をつくるためには、**トラブルがあったときに報告をするだけではなく、いつも保護者と共同の教育を意識するべき**です。マイナスをつくらないようにという発想ではなく、保護者とプラスの教育をつくるという考えをもつべきだと思います。

日記は子どもの情報の宝庫

先生にはすごく甘えてきても、家族の前ではいっさい甘えない子がいます。ご家庭が厳しいところは、そういう子が多いかもしれません。

その子がどんな子かを知っておくのは、とても大切なこと。**そのために教師は、保護者のことだけでなく、兄弟関係や友達関係など、子どもにまつわることを把握していなければいけません。**

こういう情報は、子どもたちの日記から得ることが多いです。私のクラスでは、週に三回、日記を提出することにしています。出す曜日を指定しているわけではありませんが、私が必ず返事を書くようにすると、子どもたちもよく出してくれます。

だからこそ、**すべての日記に必ず返事を書きます**。夏休みともなれば、三十日分以上の日記がクラス全員から上がってきますが、すべての子どものすべての日記に、ひとつひとつ返事を書きます。

子どもたちはそれをとても喜びます。一行でもよいので、一日一日すべてに書いてあげるのがポイント。とはいえ、膨大な量です。私も最初はつらかったのですが、読んでいるうちに段々楽しくなってきました。この子はこういうところに行ったのかとか、お母さんとこんな話をするのかとか。情報集めにとても役立ちます。

というのも、子どもは家のことを正直に書いてくるからです。

あまりに正直に書いてくるので、「お父さんとお母さんがけんかした」なんてこともありますが、そこは後から保護者の方が見ることを想定して、あえて触れないで返事を書きます。

表面に現れる「子どもへの対応」というのは、前後の文脈だけではなく、その背景にある家族・兄弟の関係や、保護者同士の関係など、前後左右・過去未来すべての事情を配慮した立体的なものなのです。

すべての事情から判断した結果としての、表面に現れてくる「いまの言葉・対応」でなければいけません。そしてそのためには情報収集が不可欠です。

保護者の考えに柔軟に対応する

保護者と考え方が合わないようなことがあれば、教師側が変わるしかありません。

ある年の四月。とある女の子が私のところにきました。

その子は「なにかあったときに、先生は私の言葉を聞いてくれない。相手の子が言うことを優先する」と言ってきたのです。いつもは静かにニコニコしているような、大人しい子です。

もちろん私にそんなつもりはありませんでしたが、彼女がそういうふうに私のことを思っているんだ、と気付かされました。

私はその子に対して、フレンドリーによく冗談を言って接することがありました。しかし、彼女はとても真面目でそれが嫌だったようなのです。

お母さんと電話をしたときも「うちの子は先生に言われたことで、こういうふうに傷ついた」と言われました。

ハッと気付かされた瞬間でした。

そこから私は対応を一変させました。

その子にはユーモアであっても余計なことは言わないように気を付けました。こちらからはあまり押しかけないように気をつけ、ただし向こうから私のところへ来たときには丁寧に対応しました。授業で当ててくれないということも言われたので、毎授業で自然に一回は当てるようにしました。

そんな気配りを続けていたら、少しずつ打ち解けていって、その子の方から話しかけてくるようになりました。いまでは、授業が終わってもずっと私と話をしていて、なかなか家に帰らないくらいです。

そして子どもとの関係性が変わると、お母さんの私への態度も変わりました。私から態度を変えたことによって、子どもから私への態度、保護者から私への態度も大きく変わったのです。

保護者と意見が対立したときや、クレームが来たときは、こちらが変わることが大切で

す。教師側の教育観を押しつけることはもってのほかです。自分の態度を変えようとすることです。

文化祭など行事のときには、教員室に引っ込んでいないで、教室にずっと顔を出した方がよいという話をします。会いたくない、嫌だなと思う保護者にこそ挨拶をする。そこで言葉を交わすことができなくても、とにかく教室にいること、そういう態度が大切だと思います。

とにかく**コミュニケーションの場を増やすことが大切**なのです。そういうときの態度を保護者は見ています。

自分を変えるというのは苦労するでしょうが、結局はその行動が自分を助けることになります。

そんなふうに
思っていたのか…
こんなこと言われた
そうです…

どうした？
先生、あのね…

子どもと保護者、両者の気持ちをケアする

山登り合宿のとき、一人だけ具合が悪くて登れない子どもがいました。

みんなその子の気持ちも背負って登っていましたので、登頂時には「おーい、○○！登ったぞ！」と口々に叫び出しました。

それを動画に撮って、留守番をしていた子と一緒に残っている先生へ送りました。

すると、すぐにその子から「おめでとう！　みんな！」という動画が返ってきました。

いまはこういう簡単に情報を共有できるツールがあるのがいいですね。

その返信動画を見ると、登頂した子どもたちも大喜びでした。

その後、下山して寮まで帰ってきたら、その子は「おめでとう！」と書いた大きな横断幕まで用意してくれていて、またそこで感動です。

私は、こういう**つながりを大事にしたい**と、常日頃思っています。

その子は前日に熱を出したので、お母さんがとても心配していました。登山当日、熱は下がったのですが、お母さんも不安な様子が読み取れたのでこまめに連絡を取り、大事をとって登山させないことにしました。

そんな事情もあったので、登頂時の動画メッセージと寮で留守番をした子どもの返信動画は、保護者全員に向けても配信しました。すると、登山できなかった子どものお母さんは、それを見て泣いてくださいました。動画配信によって、保護者全員が「登ったという情報＋α」の共有ができたのです。

このように、**よい人間関係が構築できたときのドラマはできる限り保護者と共有する**ようにしています。

また、山に登れなくて落ち込んでいる子の気持ちにも配慮しなくてはいけません。

このときは、一緒に留守番をしていた先生が、彼を近所のお祭りに連れて行ってくれていました。そのような配慮ができる仲間のこの先生も素晴らしいと思いました。そこで、合宿の最終日はいつも掃除して帰るだけなのですが、急遽クラスのみんなでそのお祭りに行くことにしたのです。

ほかの子どもたちには、その登れなかった子が下見に行ってくれたんだと紹介して、彼にお祭りの様子を説明してもらいました。そうやってみんなから感謝される場をつくることによって、山登りに参加できずに落ち込んでいた気持ちを引き上げることができました。

子どもの落ち込んだ気持ちを引き上げるようにケアするのはもちろん、その子を心配するお母さんのケアまで考える。それが、保護者と協力するということではないでしょうか。

学級通信で保護者に自分の考え方を伝える

私は二種類の学級通信をつくるようにしています。

行事予定や子どもたちの様子を伝えるものと、私の想いや考えを伝えるものです。

数に制限はありません。時間さえあればいくらでも書きたいと思っています。

基本的には、**自分の考えを伝えるための学級通信が多い**です。子どもの日記などを載せている先生もいらっしゃいますが、それをすると、クラス全員分を順番に載せなくてはならなくなります。

順番に載せる機械的な作業には意味がありませんし、どうしても保護者は比べてみたくなりますので、あまりそこに注力しすぎてはいけません。

それよりは、私がクラスをどう見ているか、どういう方向にもって行きたいと思っているかを発信して、保護者にも同じ見方をしてもらい、協力をお願いしています。

もっと言うと、保護者には、**わが子が大事ということだけではなく、他のお子さんや他のクラスのこと、そしてこれからの学校生活への影響などを考える視点をもってほしい**と思います。

学級通信では、それをいろいろな例を挙げて伝えます。

たとえば芋掘りは、子どもが参加するのは植え付けと収穫くらいで、ほとんどの期間は管理をしてくださっている方が育ててくれています。そういうことへの想像力、感謝の気持ち、礼儀などを書いて、保護者にお伝えします。ですから、イベントの前後には必ず学級通信を書いています。年間で言えば、五十通くらい。報告事項だけでなく、見方・考え方を伝えるための情報発信をしていると、これぐらいの数になります。

ただし、学級通信は記録として残るので、一方でリスクもあります。書いたことの責任を自分で背負わなければいけないからです。

そういう意味では、他の教師や管理職のチェックを受けて、注意しながら発行することをおすすめします。

イベントには全員が参加できるように配慮する

子ども同士のコミュニケーションの場を広げるために、そして、企画力や運営力をつけるために、**イベントはなるべく多く行いたい**と考えています。しかし、イベントをつくる際には様々なことに配慮しなくてはいけません。

私のクラスでは、十二月の授業最終日にクリスマス会をすることになりました。また、その前日には保護者会があり、そこでクリスマス会でサプライズで渡す保護者から子どもへの手紙を集めることになっていました。

ところが、クリスマス会当日に欠席しなければならない子どもが現れました。

その子は病院を予約していたので、当日休むことは避けられなかったのです。クリスマス会では出し物もあったのですが、当日欠席することがわかっていたその子は、その準備や練習に参加しようとしませんでした。そこで私は、全員が参加できるよう、開催を二日前倒しすることを考えました。

ここが学級経営の難しいポイントです。このようなイベントを子どもたちは絶対に楽しんでくれるのですが、**欠席者が出てしまうと、その後の話題に入ってこられなくなってしまいます。これは防がなければいけません。**

日程を変更するとしても、それを子どもたちに伝えるときに「その子が休むから変えよう」という言い方は避けるべきです。

そこで私は、授業時間の調整を主なる理由にして、それに加えて「その子も助かるから」という説明をしました。しかし、二日も前倒しをすると、保護者会の前日になってしまいますので、保護者からの手紙を集められなくなってしまいます。

子どもたちには内緒の手紙です。役員の保護者に電話をして、改めて日程の変更と手紙の回収方法を相談しました。

その週には、スキー教室の事前調査として、技能調査のアンケートを回収する予定になっていました。これは個人情報なので、それぞれ封筒にしまって持ってきます。私のところに届くまで開けてはいけないことになっていましたので、その中に手紙を入れることにしました。

ということで、封筒に手紙とアンケートを入れ、しっかり封をした状態で、全員が期日までにきっちり持ってきました。子どもたちは誰も気付きませんでしたね。

子どもたちのために保護者と協力して準備をしたのです。

こうして欠席者の問題も手紙の問題もクリアしたクリスマス会当日ですが、実際には風邪や忌引きなどで、三人が欠席してしまいました。

子どもたちからは当初の日程に戻そうという話も出ましたが、授業の都合から、急な変更はできませんでした。

しかし、それで構わないと思います。**一人の子どものために手を尽くしたという事実や姿勢が子どもや保護者に伝わることが大切です。**

クリスマス会には、その子のお母さんが率先して手伝いに来てくれました。私は日程変更の理由をその子のためとは言っていませんでしたが、薄々感づいてくれたのでしょう。

こうしてまた、子どもと保護者との信頼関係をつくることができました。

当日は、ケーキをつくったり、クリスマスツリーに飾り付けをしたりと、子どもたちと朝から準備をしました。

その後の出し物も大変盛り上がりましたし、プレゼント交換も行い、会の最後には例の手紙も無事に渡すことができました。子どもたちは熱心に読んでいました。私も子どもたち全員に手紙を書きました。その子のよいところを綴り「だから君のことが好きなんだ」と締めくくりました。

ただ、そこでケアしなければいけないのは、欠席した三人の子どもです。彼らはとても楽しみにしていましたし、出し物やプレゼント交換にも参加できなかったので、非常に残念がっていると思ったのです。

そこで終業式の朝、みんなの前で、当日欠席した三人と私でプレゼント交換をしました。こういうのはわざとみんなの前で行うようにします。イベントを休んだとしても、こういう配慮をしてくれるんだということを見せておくことで、他の子どもたちも安心し、温かい気持ちになることができます。

column 04

海くん

『教育研究』二〇一六年六月号

昨年末、熊本のある学校を訪れた。子どもたちがのびのびと輝き、校長先生をはじめとする教職員のみなさんが親切で、雰囲気が明るかった。

その学校の三年生に算数の授業を行った。クラスには海（うみ）くんという元気な男の子がいた。

海くんは、三年生の授業を受けながら、並行して、かけ算九九の暗唱に取り組んでいた。学力的な遅れをカバーするために、担任の先生や友達と、一生懸命に頑張っていた。

今年の二月、再度熊本に行ってある研究大会で授業を行うことになった。何と、授業をするのは、あの海くんのいる同じクラスの子どもたちだった。大勢の人が見る授業なので、校長先生や担任の先生は、子どもたちが緊張してしゃべることができないのではないかと心配されていた。

海くんは、そのとき七の段の暗唱にチャレンジしていると聞いていた。その情報をヒントに教材を考えた。

授業の冒頭、かけ算の難しい問題を出した。一見難しいが、問題の数値を小さい数値に置き換えて考えると、解法が見つかるという仕掛けだった。かけ算九九をうまく使えば、問題を解く糸口が見つかる。

授業の中で「五五　二十五！」と海くんが答える場面があった。少し間をおいてから、勇気を出して言い切った。

会場の後ろの方で保護者も参観していた。その中に海くんのお母さんもいたそうである。

授業後、校長先生や担任の先生が高揚した表情で子どもたちや私を迎えてくださった。

三月に入って、海くんの担任の先生とある研究会でお話することができた。

「実は、先生にお話すべきか迷ったのですが……。昨年の十二月に授業をしていただいた数日後、海と仲良しで、海にとても親切にしてくれていた女の子が病気で亡くなったのです。海は、その子の分も頑張るつもりで、ノートにその子の写真を貼って二月の授業に臨みました。

終わった後、先生三回発表したよ！と私や校長先生やいろいろな先生に報告していました。本当に嬉しかったのだと思います。一時はこのクラスの授業への参加は止めようかとも思ったのですが、あの海の姿を見ると、参加してよかったと思います」

涙とともに語られる言葉に、私も胸がいっぱいになった。

二月の授業のときは、余計な心配をかけないようにこの話はしなかったそうだ。

一人の子どもの清らかな想い。そして、その想いや子どもたちを見守る優しい眼差し。

昨年からのことを振り返っているうちに、何とも言えない清々しい気持ちが心を満たした。今頃、海くんはどうしているだろうか。

「九九　八十一！」

と担任の先生に聞いてもらう海くんの姿が目に浮かんだ。

末筆ながら、海くんの想いを綴ることをご理解くださった保護者に感謝を申し上げます。

第5章

クラスがひとつになった取り組み

みんなからの誕生日プレゼント

マイナスをプラスに変える

二〇二〇年は、新型コロナウイルスが流行し、現在も猛威を振るっている状態です。三～五月まで学校は休校になり、その後の学校行事の多くは中止になりました。七月に行われる予定だった富浦合宿、九月の清里合宿、運動会がなくなりました。

筑波小の六年生は、「三つの山」を乗り越えることが伝統でした。その三つの山とは、富浦合宿における遠泳、清里合宿における三ツ頭登山、運動会の組体操の技である帆かけ船のことです。これらを成功させることで筑波っ子となると言われていたのです。

しかし、その三つの山は目の前からなくなり、平地になってしまいました。私は六年生の担任をしていましたので、六年生の子どもたちと保護者の落胆の様子を身近に見てきました。

そこで考えたのは、自分たちで山をつくる試みでした。子どもたちには、励ます意味も込めて、「いつもの三つの山はなくなったけれど、自分たちで山をつくらないか」と投げかけました。そして、子どもたち自身で課題をつくることをすすめたのです。

子どもたちは、総合の時間を使って、自分たちの山について相談を始め、次のようなことに取り組むことを決めました。

①　黒板アートで表現する私たちの想い

②　投てき板リニューアル

③　2部6年筑波っ子TV

さらに、四つ目の山として、

④　Zoom劇づくり

それぞれの取り組みの内容については、次節以降で紹介していきます。実は、このクラスの取り組みにとどまらず、学年としても運動会の代わりとしてスポーツイベントを企画したり、遠泳の代わりとしてオリンピックで使用される予定の東京辰巳国際水泳場で遠泳大会を開催したりしました。これらは、マイナスをプラスに変える挑戦でした。

そんな中、ある子どもが、国語で学習したオリジナルの「折句」を紹介してくれました。

この言葉の中に、私たちクラスの想いがつまっていたと思います。

「たかが10字、されど200字」

4月から2カ月遅れで休校期間が終了して、
ついに、登校日が来ました。久々に会うと、
目を疑うほどみんなの背が伸びていて、自分
の背が縮んだ気がしました。この間、3つの
山を含む様々な行事（僕は鎌倉の遠足が最初
の楽しみでした）がなくなり初めは残念にな
りましたが、今は2部6年で、新たに面白い
ことを計画し、可能性が広がったので元を超
えて楽しみです。前向きに、今まで誰も試み
ていない事を全力で思いっきりやり切ろう！

黒板アートで表現する私たちの想い

本校の三階にある講堂に行くときに上る階段があります。この階段の途中の踊り場にある白い壁が、かなり傷んでいました。この壁をどうにかしよう、という思いがそもそもの始まりでした。壁を直すには、お金がかかります。その他の方法として、一年生の教室の飾りつけに用いた黒板アートで飾り付けをしようという案が出ました。

一年生の教室の飾り付けは、毎年六年生が行っています。しかし、今年は、新型コロナウイルスの影響で、飾り付けのために教室に入ることが許されませんでした。飾り付け係のメンバーは肩を落としました。特にその中に強い想いをもっている子どもがいました。自分が一年生のときに黒板に素敵な絵をかいてもらったことを覚えていて、いつか自分が六年生になったら同じように黒板アートで飾り付けをしたいと思っていたの

です。

　諦めきれないその子どもは、自分でいろいろ調べて黒板シートという物があることを見つけました。その黒板シートに絵をかいて、一年生の教室に掲示すればよいと考えたのです。絵をかくのは別の場所で行い、完成したら教師が掲示をしにいきます。とてもいいアイデアで、これによって、見事な飾りを一年生の教室につくることができました（上の写真参照）。

　このときの成功例を思い出して、その傷んだ壁に黒板アートを飾ろうと発想しました。そして、その黒板アートには、なくなった行事をかき、私たちの想いを表現しようということになりました。

傷んだ壁をどうにかしたい、という思いからスタートしました

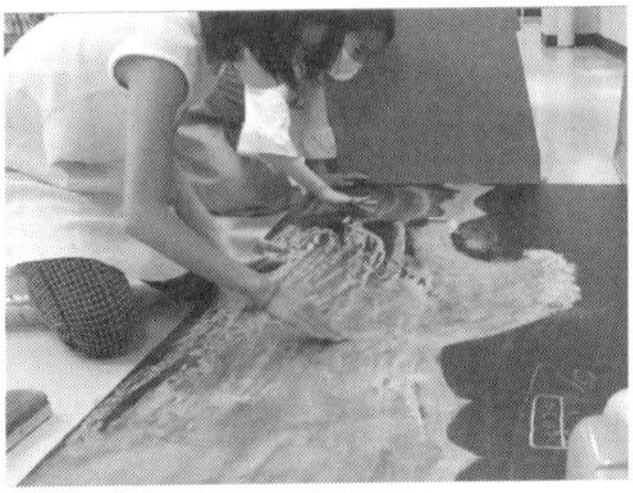

休憩時間などに少しずつかいていきました

設置のための大工仕事を担当した子どもたちもいます

みんなで黒板アートを取り付けました

最初の絵は、「富浦でがんばる六年生」でした。素敵な絵ができました

二回目は、運動会と若桐祭の絵を飾りました

絵をかくのは主に係の子どもが担当しましたが、絵の設置のための大工仕事や掃除、記録としての撮影等は、別の子どもたちが担当しました。

クラスのみんながひとつになって取り組むことができました。

初めて飾った絵は、富浦遠泳の様子で「富浦でがんばる六年生」という名前をつけました。黒板アートは、アクリル板をあてて保護しましたので、光沢があるような仕上がりに見えました。

ちなみにこの絵ですが、アクリル板を開けて、取り換え可能にしましたので、次は運動会、若桐祭の絵を飾りました。十二月にはクリスマスの絵、一月にはお正月の絵を飾りました。在校生の中には、この絵を楽しみにしてくれる子どもも現れました。校長先生にも「いつも絵を見るのを楽しみにしているよ」と声をかけていただきました。

いつの間にか、みんなが目をそむけたくなる壁があったその踊り場は、人が足を止めてくれる場所に変わりました。子どもたちは、多くの人たちが喜んでくれたこの活動にとても満足しました。いまは、卒業のときにどんな絵を飾るのか、考える毎日です。

投てき板のリニューアル

第一運動場に投てき板があります。子どもたちは、この投てき板にも目を付けました。それは、古いもので傷みが見えたからです。黒板アートの成功も影響して、子どもたちは学校にあるものの修復、改善という観点で課題を見つけようとしました。そこで見つけたのがこの古い投てき板でした。

普段は運動場の片隅にあって目立つものではありませんが、ドッジボールが盛んなこの学校では、子どもたちがボールを投げて当てて楽しみます。この投てき板のペンキを塗り直して新しくしたいと考えました。そこで、最初にやったことは、デザインの検討です。子どもたちは、体育科の先生に自分たちの考えたデザインを提案し、意見を聞きに行きました。投てき板は体育の授業でも使用しますので、勝手にデザインをするわけにはいきません。何度も意見を聞き、長い時間をかけて決めていきました。

次は、考えたことを実行に移す段階です。しかし、自分たちの力だけでは難しいので、今度は図工の先生に相談し、いろいろ教わりながら仕事を進めました。腐った板の張替まで行いました。

その後は、白アリが上がってこないように投てき板と地面を離すために土を少し掘ったり、板を雑巾で拭いて掃除をしたりしました。

それが終わったら、いよいよペンキ塗りです。下地に白色のペンキを塗り、その上に1～4部の各クラスカラーの四色の色を塗っていきました。

このすべての行程が終わるまで数ケ月を要しましたが、完成した投てき板で遊ぶ下級生の姿を三階の教室から眺める六年生の姿は、誇らしげです。クラス一丸となって取り組んだこの活動は、子どもたちに自信を与えてくれました。

投てき板の下の土を掘ったり、投てき板を拭いてきれいにしたりしました

傷んだ板の張替作業をしました

まずは下地として白色のペンキを塗りました

投てき板を四等分して、四色のペンキを塗っている様子です

完成して、みんなで記念撮影。やったー！

子どもたちとのストーリー

二〇二〇年は、コロナ禍の中、「マイナスをプラスにする」というスローガンのもと、六年生の子どもたちと新たな課題を設定して頑張ってきました。

本章で紹介した「黒板アートで表現する私たちの想い」や「投てき板リニューアル」だけでなく、ビメオという動画共有サイトを利用して、作成した動画をみんなで視聴しようという企画の「2部6年筑波っ子TV」も活動を始めました。

また、Zoom劇づくりもシナリオづくりやZoomの画面に出す材料を集めているところです。Zoom劇は、無くなった行事を劇で再現しようというものです。休校期間にはZoomを使って毎朝学級会を行っていましたので、子どもたちは、Zoomには慣れています。そのためZoomでつながり、海や山の画面を共有し、みんなでセリフを言っていきます。そのため

八ヶ岳の三ツ頭から見た景色（2020.11 盛山撮影）

に、個人的に富浦の海や三ツ頭の山に行き、写真を撮ってきました。

あと卒業まで数ケ月です。卒業のその日まで、子どもたちがやりたいと思ったことを実行する。これが私の目標です。悔いのないようにやることです。

目の前にいる子どもたちに出会ったとき、三年後の卒業の日をイメージしました。やり切った気持ちで、自然に涙が出るような瞬間を子どもたちと迎えることを誓いました。

クラスづくりは、卒業の日まで続く子どもたちとのストーリーです。楽しいことだけではなく、辛いこともあります。でも、子どもの成長を見ればどんなに嬉しいことか。それが教師の仕事です。幸せな仕事だと思います。

column 05

卒業式

『教育研究』二〇二〇年五月号

新型コロナウイルスが猛威を振るい、世界を揺るがしている。感染症対策のため、本校も二月二十八日から春休みまで臨時休校となった。そのため、学校をあげて準備を進めていた「卒業生を送る子ども会」が中止になった。

卒業生は、在校生に合奏や合唱を披露する予定だった。在校生に向けた最後のメッセージのため、早朝や放課後にも熱心に練習していた。修学旅行に出かけていた六年生は、旅先で中止の知らせを聞き、涙したという。

同時に「もちつき」のお別れ行事も中止になった。クラスごとに子どもたち、保護者、担任が保谷農場に集う。共に過ごした三年間を振り返り、もちをついて卒業をお祝いしたり、互いに感謝の気持ちを伝えたりする大切な行事である。

この状況を見て、今から九年前に発生した東日本大震災のことを思い出した。その当時私は六年生の担任で、講堂で卒業式の練習をしている時に大きく揺れた。動揺した子どもたちに声を掛けながら運動場に避難した。

その後、今と同じように学校は休校となり「もちつき」の行事はなくなった。

そして、卒業式をどうするか、が問題になった。破損した講堂は使えない。子どものいない空っぽの学校で日々議論した。その結果、第２体育室を会場に行うことになった。全教員で協力して、体育室の壁に紅白の幕を張り、演台を手作りし、パイプイスを入れて会場を作った。保護者の人数も限られ、在校生もいない。余震を心配しながらの卒業式だったが、開催までの仲間や保護者の思いやりに、感動と感謝の気持ちでいっぱいになった。

筑波大学附属小学校算数部の先輩で、私の前任の坪田耕三先生は、あるとき朝日新聞の取材に応じて、次のように話していた。

―教師をしていて、つらかったことは？

一番がっくりくるのは、一生懸命教えた子どもたちに卒業式で「さよなら」と言って、そのあと教室で一人、荷物を片づける時。「この教室に明日から子どもは来ないんだな」と思った瞬間、がっくりくるよ。教室って子どもがいてワイワイやって初めて生きてる場所だから。何度経験してもそれが一番いやだね。

この坪田先生の気持ちは、何度か卒業生を送り出した今なら、身に染みてわかる。

さて、卒業式はどうなるのか。大学も含めて議論をする中で、式を縮小し、短時間で開催することが決まった。保護者は参加できない。会議の度に、六年担任団の無念の思いや、子どもたちや保護者への熱い思いが、発する言葉から伝わってきた。すぐにはかける言葉が見つからなかった。

ある先生が、いつもは在校生が作る「卒業生おめでとう」の文字や旗を作り、教員全員で卒業生を見送ろうと提案してくれた。この提案に感謝し、今はできることをしようと思う。

卒業の日、子どもたちと担任が、教室で三年間の思い出をワイワイと語り合い、素敵な時間を過ごすことを願って。

かけがえのない存在とみる

1．夢中にさせる

(1) 夢中になれる幸せ

人は、我を忘れて何かに没頭できるときが最も充実していて幸せである。子どもも心から学校に行きたいと思うのは、夢中になれるものがあるときである。

そういった考えで毎日の子どもの様子を見る。もしも心にぽっかりと穴があいたような表情をしている子どもが見受けられたら考えなければならない。この子たちにどうやって夢中になれるものや、やりたいと思うことをつくろうかと。

よく子どもたちの様子を見て「落ち着いている」という褒め言葉を使う。しかし、この言葉だけでよしとするわけにはいかない。子どもは本来動的な存在である。いきいきと活動的に過ごす子どもこそ本来の姿である。だから、静かで大人しい子どもの姿は、本当にそれで大丈夫かと疑ってみる必要がある。

(2) 夢中をつくる

子どもが夢中になって取り組めるものは、自然に用意されるものではない。普段の学校生活の中に、自分達でつくるものである。

① 総合的な学習の時間（本校では総合活動と呼んでいる）は、子どもの夢中をつくる絶好の機会である。なぜなら、子どもの欲求をもとに生活に基づいた課題を設定することができるからである。

例えば最近では、クリスマス会を行った。子どもの強い希望があったからである。学級でクリスマス会をするのは、そんなに珍しいことではないが、子どもたちが楽しみで仕方がないといった気持ちになるように準備をしていくことが重要だ。

一ヶ月前には開催することを決めて準備にとりかかった。八つの班を決めて、各班が出し物をするという企画。全員で楽しいゲームをするという企画。プレゼント交換という企画などをすることになった。これらを実現するにあたって、三十二人全員が何らかの役割を担うようにした。

その役割は、次のようなものだ。総合司会、BGM担当、みんなで歌う歌担当、プログラムづくり担当、教室の飾りつけ担当、ゲーム担当、出し物担当、はじめの言葉や終わりの言葉の担当…。このように役割をつくって、その担当ごとに細かい企画や運営を考えさせた。そうすると、総合活動の時間だけでなく、中休みや昼休みにも準備を進めたり、帰りの会などでも提案したりするようになった。

その期間の子どもの日記を読むと、日に日に楽しみにする気持ちが膨らむのが読み取れた。本番の日、例えば出し物の一つ一つが盛り上がり、今までに見たことがないような子どもの姿を見ることができた。普通のことを、子どもにとって特別なことに変える工夫をすることが大切である。

② 生活の中に課題をもたせる

一般に、小学校では給食や掃除の時間がある。その際、すべての子どもたちが分担して仕事をする。この毎日行う仕事の中に小さな課題をつくる。ただ漠然と仕事をするのではなく、課題をもつだけで、それらの時間が違ったものになる。

例えば、私の学級では、掃除と給食の準備・後片付けは、学校で一番できるクラスを目指そうと言っている。だから、給食の準備・後片付けのときは、私はじっと子どもたち一人ひとりの動きを見守る。

細かく指示をするというよりは、一人ひとりが課題を意識し、考えて動いているかを見ている。そして、必要があれば声をかける。掃除については、一緒に働く。黙々と仕事をする姿を見せるようにする。教室が綺麗になったら気持ちが良い。その感覚を共に味わう。

最近は、子どもたちが自分たちだけでやると言い始めたので、給食のときのように、じっと掃除の様子を見ることが多くなった。

実は掃除や給食の準備・後片付けだけではない。休み時間の過ごし方、友達との接し方、朝会などで講堂に出るまでの歩き方など、あらゆる場面で小さな課題をつくることがある。それらの課題は、最初から設定されるわけではないし、いつまでも同じ課題に取り組むわけではない。課題をつくる前には問題がある。掃除がうまくできないとか、休み時間に廊下を走ってしまったとか、そういった問題である。問題から乗り越えるべき課題、目指すべき目標を子どもと相談しながら設定するのだ。あとは、子どもと本気でその課題に向き合うかどうかだけである。

このような実践は、夢中をつくる以外にもねらいがある。一つは子どもを褒めるタネをたくさん撒くことである。課題を達成したときには、褒めることができる。嬉しいことに、褒められることで子どもは変容していく。もう一つは、掃除とか準備・後片付けといった、人があまりやりたがらないことこそ率先してやる人に育てることである。

生活の中に小さな課題をつくることは、学級を育てることに大きな意味をもつと考えている。

③ 授業で夢中をつくる

①で紹介した総合活動の時間も含めて学校生活で最も長い時間が授業の時間である。子どもを授業に夢中にさせることは、教師としての大きな目標である。各教科において授業研究は進んでおり、子どもが夢中になるような教材が研究されている。本稿では各教科の内容に踏み込んで子どもを夢中にさせる授業について論じることはできないが、人間性の教育という観点から、授業で意識したいことを三つ述べる。

一つ目は、子どもの内面にある思いや考えを聞きながら授業をすることである。結果だけ聞いて正誤の判断で授業を展開するのではない。結果に至るプロセスを議論する授業こそ、理解力や思考力を鍛える授業であり、子どもの思考に寄り添う授業となる。

二つ目は、子どもの心情や欲求に心を配ることである。わからないときやできないときに抱く子どもの不安な気持ちをわかってやり、どんな言葉をかけ、どんな手立てを打つかを真剣に考えることが大切である。そんな気持ちをわからずに、「他にありませんか」と流したり、「よく考えなさい」といった意味のない対応をしたりする。たとえ教師が言わなくても、友達どうしの間で言われることもある。それによって子どもは不快な気持ちになる。その類の不快な気持ちが連続すると、子どもは無意識のうちに劣等感を起こしたり、悩みを自分で意識したりするようになる。その結果、知的な勇気をなくす。それは、学ぶことへのやる気をなくすということである。

欲求という意味では、子どもには認められたいという欲求ややってみたいという欲求がある。よくできた子どもを褒めることは言うまでもないが、最初は間違えたがその後に修正した子どもや、先生や友達の話を活かして粘り強く考える子どもを褒めてやりたい。褒める行為でどういうことに価値があるかを子どもたちに伝えていく。

また、授業にのめりこむと、自らやってみたいことが生まれる子どもがいる。毎回は無理だとしても、指導計画を変更してでもそういった子どもの欲求に応えてあげようとする姿勢が大切である。

三つ目は、学び合う仲間関係をつくることである。そのためには、主体性と自主性を子どもに身に付けさせようとすることが必要だと考えている。

主体性とは、主体ではない客体つまり友達の立場、個性、存在を認めながら、自分の意志や判断を尊重する態度のことと捉えている。

自主性とは、他の人の考えに左右されないで、自分が正しいと考えることに従って行動する態度と捉えている。

ではそのような自分を逞しくすると同時に、友達を尊重する態度をどうやって育てればよいのだろうか。

まずは基本として、交流する場面や時間を多くつくり、互いにわかり合うことである。

例えば私の学級では、クラス替えをして半年間は、週に一度は席替えをしていろいろな友達と話す機会を設けていた。毎週木曜日の朝活の時間は、班ごとに全教科のノートを見せ合って話し合いをしている。総合活動のクリスマス会のことを紹介したが、様々な行事で新しく班をつくり、合意形成の話し合いをさせる。揉めることもあるが、その揉めごとをどのように治めるか、知恵を出し合うのが楽しい。

友達の立場や個性に思いを馳せる態度を育てるには、揉めたときや友達が困ったときの対応の仕方を考えさせることである。そういう意味では、主体性を育てる教材は毎日の生活の中にある。

算数の時間に間違えた子どもがいたとき、以前は「そんなわけないじゃん」とか「えーっ」といった反応があった。その都度、授業を止めて問いかける。それでいいのかと。今は、間違いがあったときには、なぜそのように考えたのか、なぜそうなったのかを考えるという課題をもつようになった。つまり、誤答を分析して次に繋げるという姿勢である。これは一例であるが、その他にも様々な場面で友達の立場や個性について、立ち止まって考える場面をつくるようにしている。

夢中になれることがいっぱいある学級ができたらいいと思う。それは単に楽しいことがいっぱいという意味だけではない。子どもが主体性や自主性をもって課題を乗り越えたり、目標を達成したりするために行動できる学級である。そのプロセスが夢中をつくり、子どもに成長する楽しさを感じさせるのだ。

2. 子どもへの愛情あっての教育

(1) 子どもにとっていい先生とは

子どもが先生を評価するとき、どこに着目しているだろうか。授業が面白いとかわかりやすいということもあるだろうが、最も問題にしているのは、「先生はどの子どもにも平等でひいきがない」とか、「先生は、学級の子ども全員をかわいがってくれる」ということである。他にも「グループに仲間外れにされたときに、先生はそのグループにまた入れるように世話をしてくれる」とか「できなかったときに休み時間も教えてくれた」といったこともあろう。他のクラスの子どもから見ると、「あのクラスの子どもたちはいつもよく団結していて、心が一つになっている」といったこともある。

いい先生の条件は、このような子どもの言葉の中にある。子どもたちが一貫して問題にしているのは、「自分たちを大切にしてくれる」という価値観である。ということは、その反対に扱われたときは、我慢できないということになる。

(2) 落ち込む子どもの理解

子どもは何らかの原因で気持ちが落ち込んでくると、いつもとは異なる態度を示すことがある。友達や先生、家族の悪口や皮肉を言ってみたり、学校の規則を破ったりする。いつもとは変わった行動や目立つ行動をして、落ち込んだ心の穴を埋めようとするのだ。それは、そうしないではいられないという苛立ちや不安が入り混じった複雑な心情の現れである。

そんなときに、「何をやっているんだ」と叱りつけるだけでは、子どもはますます離れていく。本人は、自分ではコントロールできないどうしようもない状態であり、助けてほしいというサインを出しているのだから。教師は、そのような子どもの裏を読み取ってやり、個別の救済措置を考えることが必要である。

(3) 厳しさと優しさを支えるもの

子どもが「あの先生は優しいから好き」とか「あの先生は厳しいから嫌い」といったことを話す。大人になってから振り返ってみると、厳しかった先生の印象を話す人は多い。「あの先生のおかげで今の自分がある」というような話をよく耳にする。

つまり、先生の厳しさ、優しさに対する子どもの好き、嫌いは決まっているわけではない。厳しさや優しさについてのそのときそのときの子どもの言葉は、教育の営みの一つの現象に過ぎないのではないか。

教師にとって大切なのは、子どもを愛する気持ちである。その教育愛が授業を少しでもよくしようとか、こういう能力を育てようという原動力になる。愛情のない厳しさも優しさも意味をもたない。子どもへの愛情があってこそ、褒めるとか叱るといった子どもへの働きかけが意味を持ってくるのである。そのことを片時も忘れてはならないと思う。

最後に、本特集テーマに関わって、私の学級を育てるこだわりとは、目の前にいる子どもたち一人ひとりが、かけがえのない人格をもった人間であることを、教師も子ども同士においても自覚することである。自戒の念を込めて、この言葉で締めくくる。

『教育研究』(二〇一九年四月号)

高学年の学級経営
―学級経営の土台となる子どもへの愛情と接し方―

1．高学年の子どもの理解

　高学年の子どもは、思春期初期にあたる。低・中学年の頃は先生にまとわりついていたのに、突然「うざい」とか「きも！」といった暴言を吐くようになる。十～十五歳は「第二次性徴期」と言われ、身体の急激な変化とともに自我の目覚めも起こる年代である。精神的乳離れをしようとするが、その反面、反抗しても受け入れてくれる存在として教師や親を見ている。自立したいという気持ちと、甘えたいという気持ちの両面が混在し、そのような矛盾した感情に悩んだりする。さらに学習内容も抽象度が増し、「十歳の壁」に突き当たることもある。

　このように高学年になると子どもの内面だけでなく、取り巻く環境も変化するため、子どもは自己コントロールが難しくなるのだ。高学年の学級経営を考えるとき、まずはこのような特徴を理解しておくことが大切である。

2．問われる教師の接し方

高学年の子どもと接するときに大切にすることを挙げてみたい。

(1) 子どもと対等になってぶつからない、子どもを傷つけない

子どもの暴言などの問題行動は、受け止めてもらえるだろうという甘えの裏返しの場合がある。また、愛情不足や友達関係のトラブルの反動による場合もある。決してその子ども自身が悪いわけではないと考えることが大切である。したがって、子どもとの衝突や対立が起こるのは、子どもと同じレベルにいるからで、上から目線という意味ではなく、教師という教育の専門家としての高みから接するようにする。たとえ自分が傷ついたからと言っても、お返しに言葉で子どもを傷つけるようなことはしてはならない。

(2) 任せるが、見守る

高学年の子どもは、仕事（勉強も含む）を任せられ、それをやり切り、教師や周囲の友達から認められ、褒められることで成長する。教師は、子どもが自分の力でできたと感じるように、そっと援助し、自尊感情をもてるような環境づくりをすることが大切である。少なくとも、任せて終わりではなく、しっかりと見守るようにする。手を離すが、目を離さずの姿勢をもつことである。

(3) 受容的態度と褒める言葉

褒めるには、こつがあると考えている。まずは子どもを見ること。学校生活の様子をよく観察し、他の先生からの情報を得るなどして、子どもを知ることが必要である。そして、子どもの話に耳を傾けること。子どもの言葉の中に、褒めるべき情報がある。そういう受容的態度があってはじめて褒める言葉が生まれてくるのだ。

すべての子どもには、褒めるところがある。ささいなことや、できて当たり前のことでも子どもに応じて褒めるようにする。そして、人のいいところを見ようとする態度を、子どもたちにこそ育てたい。

ただ、褒める際に気を付けたいのは、高学年の子どもの場合、単純に褒められたら喜ぶということではないということ。みんなの前で先生から褒められることで、他の子どもに嫉妬やねたみなどの感情が生まれ、いじめの対象になったという事例を知っている。子どものクラス内での位置や友達関係などに配慮して、褒め方を工夫することが大切である。

3. 子どものやりたいことを実現する

子どもたちがやりたいことをもとに、クラスで取り組むことを決める。そして計画を立て、みんなで役割分担をして追求する。そうすることで、子どもたちの自主性や責任感の育成、友達同士の関係の深まり、クラスとしての団結といったことをねらう。みんなが夢中になって取り組むときは、余計な問題が起こることはない。

基本的には、子どもの自治的な活動を推進し、教師も本気になって実現のために協力する。子どもたちがやってよかった、というゴールを迎えられるようにすることが大切である。そのときの取り組む課題は様々であるが、高学年の取り組みとして、下級生や保護者、地域の人などに喜んでもらえる取り組みがあってもよいだろう。大切なのは、子どもたちのやりたいことを尊重することであるが、人に喜んでもらえることをやりたいという子どもに育てていきたいものである。

4. 教室の雰囲気を大切に
―叱り方一つで変わる―

みんなが一緒にいる時間が長い場所は教室である。その教室の雰囲気を大切にするために、叱り方について触れておく。まず、ｙｏｕメッセージからＩメッセージへの意識である。ｙｏｕメッセージとは、相手を主語にした表現であり、Ｉメッセージは自分を主語にした表現である。「なんで（あなたは）ちゃんと話を聞かないの？」という言い方が「（私は）話を聞いてくれると嬉しいな」となる。ｙｏｕメッセージでは、相手を評価、非難する意味合いが強く伝わるが、Ｉメッセージではその印象が弱まるのだ。

子どもをよく見ようとすればするほど、「してほしくない」行動も目につくようになる。そのときにいちいち注意していては教室の雰囲気は決してよくならない。時には、わかっていても「流す」ことが必要である。子どもの中には、関心を集めるために問題行動をとる子どももいる。あえて無視をすることで「してほしくない」行動を抑制し、行動が変化するのを待つ。そして、「してほしい」行動をしたときにすかさず褒めるようにする。ただ、自分や他人を傷つけるような行動がある場合は、躊躇なく止めることが必要である。

どうしても叱る必要がある場合は、別室に呼んで話すようにする方法もある。教室はみんなと楽しく学ぶ場だから、できる限り叱る場とは区別する。場所と機能を一致させることを「空間の構造化」という。また、注意や指示をするときには「ＣＣＱの原則」というものがある。それは「近づいて（close）、穏やかに（calm）、小声で（quiet）」ということである。指導者こそ感情をコントロールして思いを子どもに伝える工夫が必要である。

私自身も意識して実践している様々な方法を述べてきたが、その根底には、子どもたちをかけがえのない存在と思う愛情が不可欠と考えている。その心情があってはじめて知識や方法が生きてくるのである。

『教育研究』（二〇二一年四月号）

おわりに

教師生活二十六年目を迎えるこの年、東洋館出版社の畑中潤様に本書の制作という、自分のクラスづくりを振り返る機会をいただきました。今までがむしゃらにやってきた自分にとって、落ち着いて自分のやりようについて考えることは、本当にありがたいことでした。

いままでのクラスづくりのあり方や子どもとの接し方は、先輩から学んだことがほとんどです。上手な先輩のやり方をよく観察してきました。また、ちょっとした空き時間や飲み会などのときに、何気なく話を振って具体的にどうするべきか教わってきました。あとは目の前の子どもたちの表情や言葉を頼りに、自分の頭で考えながら行動してきたわけです。学級経営に関する本を読んだこともありますが、学んだ知識をどう実践につなげるかが大切でした。

本書を読んでいただければ一目瞭然ですが、失敗も多かったように思います。しかし、私のいいところは、すぐに反省できるところでしょうか。次はどうすればいいか、改善し続けたこれまでの教師生活でした。怖い先輩に随分ご指導も受けました（笑）。そのおかげで、私はどんどん変わることができたのだと思います。

末筆になりますが、私と共に歩んでくれたすべての教え子たち、その保護者の皆様、ご指導いただいた先生方、そして、本書の執筆を勧めてくださった東洋館出版社の畑中潤様に心から感謝を申し上げます。

二〇二一年二月　　盛山　隆雄

著者略歴

盛山 隆雄（せいやま たかお）

筑波大学附属小学校教諭

1971年鳥取県生まれ。横浜国立大学大学院教育学研究科数学教育専攻修了。学習院初等科教諭を経て、現職。全国算数授業研究会常任理事、隔月刊誌『算数授業研究』編集委員、教科書「小学算数」（教育出版）編集委員、日本数学教育学会常任幹事、全国初等教育研究会（JEES）常任理事、志の算数教育研究会（志算研）代表。2011年、「東京理科大学第４回《数学・授業の達人》大賞」最優秀賞受賞。主な著書に、『数学的活動を通して学びに向かう力を育てる算数授業づくり』『「数学的な考え方」を育てる授業』『板書で見る 全単元・全時間の授業のすべて 算数 ５年上』『思考と表現を深める 算数の発問』（東洋館出版社）等、また主な編著書に、『めあて&振り返りで見る 算数授業のつくり方』（明治図書）、『11の視点で授業が変わる! 算数教科書アレンジ事例40』『板書で見る 全単元・全時間の授業のすべて 算数 ５年下』（東洋館出版社）等がある。

※下記は、月刊誌『教育研究』（一般社団法人 初等教育研究会編集、不昧堂出版）より転載。

「担任の思い」（2018年１月号）
「教え子」（2019年３月号）
「たくましき助っ人」（2014年11月号）
「海くん」（『教育研究』2016年６月号）
「卒業式」（『教育研究』2020年５月号）
「かけがえのない存在とみる」（2019年４月号）
「高学年の学級経営」（2021年４月号）

クラスづくりで大切にしたいこと

2021（令和３）年３月30日　初版第１刷発行
2022（令和４）年１月28日　初版第４刷発行

著　　者：盛山　隆雄
発 行 者：錦織圭之介
発 行 所：株式会社　東洋館出版社
〒113-0021　東京都文京区本駒込５丁目16番７号
営業部　電話 03-3823-9206 ／ FAX 03-3823-9208
編集部　電話 03-3823-9207 ／ FAX 03-3823-9209
振替　00180-7-96823
U R L　http://www.toyokan.co.jp

装　　丁：水戸部功＋北村陽香
印刷・製本：岩岡印刷株式会社

ISBN 978-4-491-04367-8
Printed in Japan